마틴 루터 킹

검은 예수의 꿈

지은이 **카트린 하네만**

대학에서 문예학, 연극학, 언론학을 공부했습니다. 연극 무대에서 연출가로 활동했으며, 라디오 프로그램을 만들기도 했습니다. 지금은 베를린에서 작가로 활동하고 있습니다. 《간디》《다윈》 등의 인물 이야기를 썼습니다.

그린이 **우베 마이어**

영국과 독일에 살면서 일러스트레이터로 활동하고 있습니다. 《간디》《다윈》《고약한 쓰레기 이야기》《꽃은 어떻게 자랄까》 등의 어린이책에 그림을 그렸습니다.

옮긴이 **김지선**

서울대학교 독어교육학과와 같은 대학원을 졸업하고 교사로 일하고 있습니다. 《간디》《다윈》《다섯 개의 사다리》《카레소시지》《베르트람 아저씨는 어디에?》 등을 우리말로 옮겼습니다.

한겨레 인물탐구 · 4

마틴 루터 킹 검은 예수의 꿈

초판 1쇄 발행 2010년 10월 15일 | **7쇄 발행** 2022년 8월 1일

지은이 카트린 하네만 | **그린이** 우베 마이어 | **옮긴이** 김지선
펴낸이 이상훈 | **편집인** 김수영 | **본부장** 정진항 | **편집** 한겨레아이들 | **디자인** 골무
마케팅 김한성 조재성 박신영 김효진 김애린 임은비 | **사업지원** 정혜진 엄세영

펴낸곳 (주)한겨레엔 | **주소** 서울시 마포구 창전로 70 (신수동) 화수목빌딩 5층
전화 02-6383-1602~3 | **팩스** 02-6383-1610 | **출판등록** 2006년 1월 4일 제313-2006-00003호
홈페이지 www.hanibook.co.kr | **이메일** book@hanien.co.kr

ISBN 978-89-8431-425-2 74990
　　　978-89-8431-366-8 (세트)

• 값은 뒤표지에 있습니다.
• 이 책의 일부 또는 전부를 재사용하려면 반드시 저작권자와 (주)한겨레엔 양측의 동의를 얻어야 합니다.
• KC마크는 이 제품이 공통안전기준에 적합하였음을 의미합니다.
⚠ 책 모서리에 다치지 않게 주의하세요.

마틴 루터 킹

검은 예수의 꿈

카트린 하네만 글 | 우베 마이어 그림 | 김지선 옮김

한겨레아이들

| 지은이의 말 |

마틴 루터 킹은 누구일까요?

무슨 사진일까요?

한 남자가 손을 들고 빙긋이 웃고 있네요. 그 뒤로 어마어마하게 많은 사람들이 모여 있고요. 아마 남자가 사람들한테 인사를 하나 봐요. 표정이 참 푸근하네요. 남자는 흑인이고, 깔끔한 양복을 입고 있어요. 이 남자의 연설을 들으려고 이렇게나 많은 사람들이 모인 거예요. 거의 다 흑인이에요. 현수막을 든 사람도 듬성듬성 있어요. 이런 사람들을 보통 시위 군중이라고 부르는데, 여럿이 함께 어떤 주장을 펴거나 관심을 불러일으키려고 모이는 거랍니다.

여긴 링컨 기념관 앞이에요. 약 150년 전 흑인 노예들을 해방한 미국 대통령 에이브러햄 링컨을 기념하는 곳이에요. 워싱턴에 있는 미국 대통령 관저인 백악관 근처에 있지요. 1963년, 흑인들은 미국 시민으로서 자신들의 권리를 찾기 위해 바로 이곳에 이렇게 모여들었습니다. 그리고 그들의 환호를 받고 있는 이 사람이 바로 마틴 루터 킹이랍니다.

마틴 루터 킹은 미국, 즉 미합중국에서 태어났습니다. 이 나라는 누구나 자유와 행복과 성공을 누릴 수 있다고 알려진 기회의 땅이지요. 접시닦이라도 열심히 노력만 하면 백만장자가 될 수 있는 나라라고 해서, '아메리칸 드림'이라는 말도 생겼답니다.

하지만 자유와 행복과 성공을 꿈꿀 수 있는 권리는 오랜 세월 백인

들만의 것이었어요. 인디언 토착민이나, 라틴 아메리카에서 온 사람들, 그리고 특히 흑인들은 예외였어요. 흑인들은 노예로 이 나라에 들어왔지요. 노예들은 자유도 권리도 없었어요. 자유와 권리를 얻으려는 흑인들의 투쟁(무엇인가를 얻고자 싸우는 일)은 너무나도 힘겨울 수밖에 없었답니다.

마틴은 흑인들의 투쟁을 이끈 지도자들 중 한 사람이에요. 마틴의 투쟁은 전 세계에 알려졌지요. 왜냐고요? 마틴의 투쟁은 비폭력, 즉 무기를 사용하지 않는 투쟁이었거든요. 그의 목표는 상대방을 제압하는 승리가 아니라 화해와 화합이었답니다.

2008년, 미국인들은 아프리카 흑인의 아들 버락 오바마를 대통령으로, 그러니까 자기 나라 정부의 우두머리로 선출했습니다. 그가 내세운 표어 "Yes, we can!", 우리말로 "그래요, 우리는 할 수 있습니다!"는 모든 미국인들이, 그러니까 흑인, 백인, 라틴계, 아시아계, 기독교인, 이슬람교도, 유태인 할 것 없이 모든 미국인들이 다 함께 아메리칸 드림을 실현할 수 있다는 뜻이에요.

이런 일이 어떻게 이루어졌을까요?
마틴 루터 킹의 어린 시절은 어땠을까요?
그 시절, 흑인 아이로 산다는 건 어떤 의미였을까요?
인종 차별(인종에 따라 편견을 가지고 불평등을 강요하는 일)이란 무엇일까요?
인종 분리란 무엇을 의미할까요?
마틴은 이에 맞서 어떻게 싸웠을까요?

이 책을 읽으면서, 궁금증을 풀어 보기로 해요.

카트린 하네만

차례

지은이의 말　4

1. 위대한 말을 찾는 아이
흑인으로 산다는 것　13
어린 목사　30

2. 평화로운 투쟁의 시작
두려움과 맞서다　41
버스 안 타기 운동　46
새로운 민권 운동　53
폭력 대 비폭력　59

3. 고난과 영광의 시절
가장 유명한 운동가　69
패배한 싸움　78
버밍햄의 승리　80
좋은 일과 나쁜 일　89

4. 더 높이 날다
싸워서 얻은 투표권　103
불처럼 번지는 투쟁　108
침묵은 곧 배반　118
또다시 새로운 길　122
충격과 슬픔　127

사람답게 살 권리를 위해 싸운 시민운동가　130
마틴 루터 킹의 삶이 우리에게 준 것들　133

1. 위대한 말을 찾는 아이

흑인으로 산다는 것

마틴 루터 킹은 1929년 1월 15일에 태어났습니다. 누나 이름은 크리스틴이고, 남동생은 알프레드 다니엘, 줄여서 에이디라고 불렀지요. 마틴의 원래 이름은 아버지 이름을 따라 지은 마이클이었어요. 하지만 1934년에 아버지가 유럽 여행을 다녀온 뒤에 자신과 장남의 이름을 바꾸었답니다. 사백 년 전에 교회를 개혁한 독일 목사 마틴 루터를 기려, 두 사람 다 마틴 루터 킹으로 이름을 바꾸었지요.

마틴의 아버지와 외할아버지는 미국 남부 조지아 주의 소도시 애틀랜타의 흑인 침례교 목사였어요.

 침례교는 미국에서 신도가 아주 많은 개신교 교파란다. 세례 때 물속에 잠기는 예식, 즉 침례를 치르기 때문에 침례교라고 부르지. 마틴은 다섯 살 때 침례를 받았어. 누나가 세례를 받는다니까 자기도 무턱대고 따라나섰다며 지난날을 회고한 적이 있지.

마틴네 가족은 아주 부유하지는 않았지만, 옷이나 음식 걱정 없이 넓은 집에서 넉넉하게 살았어요. 어린 마틴은 행복한 유년 시절을 보냈지요. 나중에 어른이 된 뒤에, 부모와 식구들 곁에서 사랑을 듬뿍 받

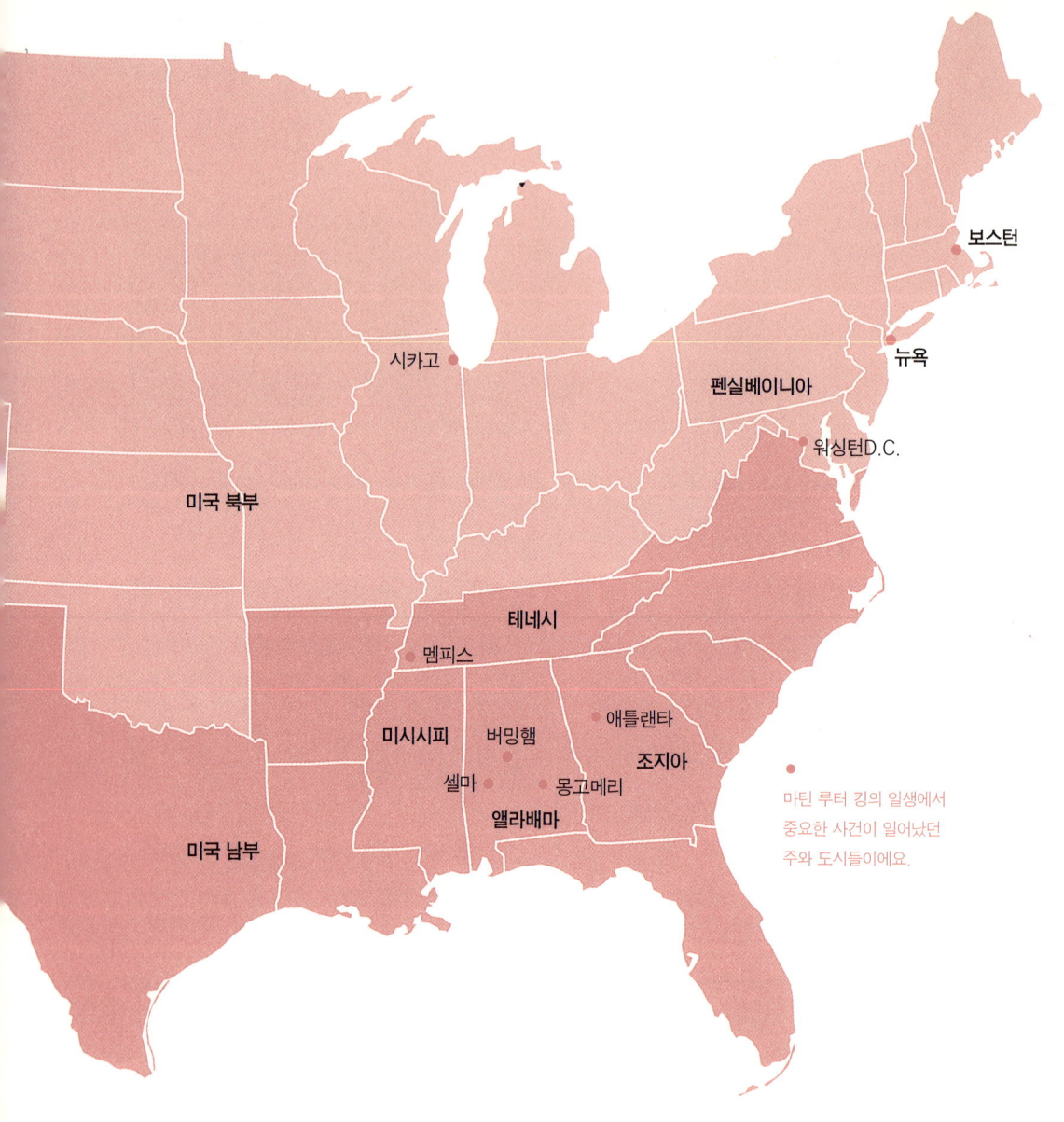

마틴 루터 킹의 일생에서 중요한 사건이 일어났던 주와 도시들이에요.

고 자란 덕분에 하느님과 인간의 착한 본성을 믿기가 수월했다고 고백하기도 했지요.
　1930년대에는 '대공황'이라고 불리는 경제 위기가 세계를 휩쓸었어요. 많은 사람들이 일자리를 잃고 지독한 가난에 시달렸지요. 하지만 마틴은 고생이라곤 모르고 지냈어요. 아버지가 목사이면서 수완 좋은 사업가이기도 했거든요. 대디 킹이라는 별명을 가진 마틴의

마틴이 태어나고 자란 집

아버지는 다부진 체격에, 강하고 용감한 사람이었어요. 하지만 굉장히 엄해서, 자식들은 아버지에게 절대 복종해야 한다고 가르쳤어요. 어머니는 음악가였어요. 조용하고 상냥한 성격에, 재미있는 이야기도 곧잘 들려주었어요. 마틴은 나중에 쓴 글에서, 두 분이 다투는 모습을 한 번도 본 적이 없다고 했지요.

　마틴의 외할머니는 외할아버지가 세상을 떠난 뒤에 마틴네 가족과 함께 살았어요. 마틴은 외할머니를 세상에서 가장 사랑했지요. 바쁜 부모 대신 늘 외할머니가 아이들을 보살피고, 동화책도 읽어 주고, 옛날이야기도 들려주었거든요.

　마틴은 활발한 아이였어요. 또래 아이들보다 키는 작았지만, 튼튼하고 활달하고 운동도 잘했지요. 병치레도 거의 하지 않았어요. 주로 누나, 동생과 어울려 마당에서 신나게 뛰어놀고, 황당무계한 이야기나 짓궂은 장난을 꾸며 내곤 했지요.

 어릴 적 이야기 두 가지만 들려줄게. ✣ 1. 마틴의 외할머니한테 자그마한 모피 목도리가 하나 있었는데, 진짜 여우 머리에 유리 눈동자가 박히고, 발도 그대로 달려 있었어. 깜깜한 밤이 되면 아이들은 긴 장대에다가 여우 목도리를 매달아서 집 앞 나무 울타리 속에 숨겼지. 그래 놓고는 누가 그 앞을 지나가면, 여우 목도리를 길바닥에 휙 던지는 거야. 그러면 웬 짐승이 발치로 갑자기 달려드는 것처럼 보이잖아. 다들 놀라서 꽥꽥 비명을 지르는 통에 온 동네가 들썩거렸단다. ✣ 2. 마틴의 어머니는 세 자녀에게 꼭 피아노를 가르쳐 주려고 했어. 하지만 마틴과 남동생은 밖에 나가 노는 걸 더 좋아했지. 틀릴 때마다 피아노 선생님이 자로 손가락을 찰싹 때리곤 했거든. 한번은 피아노 수업이 하도 싫어서 꾀를 내어 피아노 의자 다리 나사를 거의 다 풀어 놓았단다. 선생님이 앉는 순간, 의자가 우당탕쿵쾅 소리를 내며 주저앉았고, 선생님은 그만 엉덩방아를 찧고 말았지. 마틴과 에이디는 엄청 낄낄거렸다지.

하지만 마틴은 대개는 착한 아이였어요. 의욕도 넘쳤지요. 누나가 학교에 들어가자, 자기도 학교에 가겠다고 막무가내로 고집을 부렸어요. 학교에 갈 나이도 안 됐는데 말이에요. 부모는 마틴을 학교에 보냈어요. 하지만 마틴이 다섯 살밖에 안 되었다는 걸 학교에서 알고는 집으로 돌려보냈어요. 마틴은 일 년 뒤에야 입학할 수 있었지요.

마틴은 공부도 열심히 했고, 이해력도 뛰어났어요. 친구들 사이에서 인기도 많았죠. 그리고 야구와 축구를 좋아했어요. 목청이 좋고 노래도 잘해서, 교회 예배 시간에 한몫을 톡톡이 했지요.

마틴은 책 읽기를 좋아했어요. 위대한 흑인들에 관한 책을 특히 좋아했지요. 예를 들면 노예 해방을 이끈 해리엇 터브맨과 프레더릭 더글러스, 대학을 설립한 부커 티 워싱턴, 발명가인 조지 워싱턴 카버 같은 인물들이었지요.

한번은 어느 목사님의 설교를 듣고 감동받아서 아버지한테 이렇게 말했답니다.

"목사님이 위대한 말씀을 하셨어요. 저도 커서 위대한 말을 할래요."

그 뒤로 마틴은 '위대한 말'을 하기 위해 사전을 늘 지니고 다니면서 보았답니다.

실제로 마틴은 어려서부터 말솜씨가 아주 좋았고, 다른 사람을 말로 설득하는 데 뛰어났답니다. 나중에 어른이 되었을 때 바로 이 점이 아주 특별한 장점으로 작용했지요.

이 모두가 아주 멋지고 행복한 어린 시절 이야기로 들리겠지요?

하지만 짚고 넘어갈 게 있어요. 마틴과 부모, 형제자매, 친구들, 친척들이 모두 흑인이라는 점이지요. 1930년대 미국 남부에서 이는 엄청나게 많은 제약을 의미했답니다.

자, 흑인이라서 할 수 없는 일들을 한번 살펴볼까요?

1. 투표, 즉 행정부 조직 결정에 참여하는 일(투표는 권력 행사이기도 하지요.)
2. 백인과의 결혼
3. 학교에서(흑인 학교는 백인들이 다니는 학교보다 훨씬 열악해요.)
   레스토랑에서(많은 레스토랑들이 흑인 출입 금지예요.)
   영화관과 극장에서(흑인들에게는 가장 나쁜 맨 뒷자리만 주어져요.)
   버스와 전차에서(여기서도 흑인들은 맨 뒷자리만 이용할 수 있어요.)

미국에서는 흔히 볼 수 있는 음수대입니다. 이 사진에 보면 'Colored'라는 영어 팻말이 있지요.
흑인을 비롯한 유색인종 전용 음수대라는 뜻이에요.

공중 화장실에서(흑인 화장실은 주로 건물에서 가장 외진 구석 자리에 있어요.)

수영장에서, 도서관에서, 공원에서(흑인들의 출입을 금지해요.)

백인과 한 공간에 있는 것(이와 관련된 규정이 바로 '인종 분리'예요. 백인종과 흑인종의 생활 공간이 최대한 분리되어야 한다는 거죠.)

4. 백인에게 무례하게 구는 것(만약 흑인이 무례하게 군다고 생각되면, 백인이 화를 내고 때리고 심지어 죽이더라도 처벌받지 않아요.)

너희가 마틴 루터 킹이 살았던 그 시절, 미국 남부에 사는 흑인 아이라고 한번 상상해 봐. 이런 차별이 뭘 의미할까? 만약 마틴처럼 운이 좋다면, 아버지가 번듯한 직업을 갖고 있고, 배를 곯는 일도 없겠지. 하지만 대부분의 흑인들은 그렇지 않아. 아이들이 다니는 학교도,

흑인 초등학교 교실 모습

백인 학교보다 훨씬 열악하지. 학교라고 해야 달랑 하나뿐인 교실에 전교생이 다 들어가는 판자 건물이야. 난방 시설도 없고, 몇 권 안 되는 교과서는 너덜너덜하고, 수업하는 날이 일 년을 통틀어 고작 일곱 달뿐이야.

그러니까 당연히 흑인 아이들은 제대로 배우는 게 없겠지. 게다가 어린 나이부터 돈벌이에 나서 백인 밑에서 혹사당하기 일쑤였지. ✦ 네가 혹시 마틴처럼 운이 좋은 경우라고 해도, 그래서 그럭저럭 괜찮은 학교에 다닐 수도 있고 부모가 가난하지 않더라도, 절대 할 수 없는 일들이 여전히 너무나 많을 거야. 단지 피부색이 검다는 이유 하나 때문에 말이지. ✦ 흑인 가정은 백인 동네로 마음대로 이사할 수도 없어. 그러니 넌 당연히 흑인 동네에 살 거야. 영화를 보러 극장에 가면 잘 보이지도 않는 맨 뒷자리나 위층 난간에 앉아야 해. 네가 아이스크림을 사 먹고 싶으면, 따로 난 옆문으로 가게에 들어가야 하고, 설령 네가 먼저 왔더라도 백인 아이가 오면 걔가 아이스크림을 다 살 때까지 기다려야 해. 그나마 네가 먹고 싶은 아이스크림을 맘대로 고르는 게 아니라, 그저 가장 많이 남은 걸 받게 되지. 그렇다고 불평을 해서도 안 되고. ✦ 백인들은 네 부모와 할아버지, 할머니를 "야!"라고 함부로 부르지. 그렇지만 흑인들은 백인들을 항상 "○○○ 씨"나 "○○○ 선생님"이라고 깍듯하게 불러야 해. 심지어 어란 아이들한테도 말이야. ✢ 반복되는 이런 모든 일들을 통해 넌 확실히 알아 가겠지. 너는 백인들보다 훨씬 열등하고, 그들과 똑같은 인간이 아니라는 사실을 말이야. 하지만 도대체 누가 이런 걸 받아들일 수 있겠어?

마틴도 이런 경험을 피해 갈 수 없었어요. 마틴은 여섯 살에 학교에 들어갔지요. 그 전에 늘 어울려 놀던 단짝 친구가 두 명 있었는데, 동네 모퉁이 가겟집 형제예요. 그 형제는 백인이고 마틴은 흑인이었지만 아무도 뭐라 하지 않았어요. 그런데 이제 와서 느닷없이 가겟집 부모가 아이들한테 마틴과 놀지 말라고 한 거예요. 마틴은 영문을 몰라

어리둥절했지요. 이유를 묻자 이런 대답만 돌아왔어요. 왜냐하면 너는 흑인이니까. 마틴은 울면서 집으로 뛰어왔어요. 그러자 어머니가 흑인들의 역사를 들려주었지요. 수백 년 전에 백인들이 흑인들을 아프리카에서 아메리카로 끌고 와서 노예로 삼았다는 것. 그 뒤 미국 남북 전쟁 이후로 노예 제도는 철폐(제도나 규칙을 걷어치워 없애는 일)되었지만, 그 대신 남부 주들에서는 인종 분리 정책이 채택되었다는 사실을요.

 노예란 다른 사람의 소유물이란다. 그들은 아무 대가 없이 주인을 위해 일하고, 주인이 원하면 무슨 일이든 해야 돼. 주인이 돈을 주고 샀기 때문에, 그들은 주인의 재산이고, 주인 마음대로 해도 되는 존재지. 노예 제도는 일찍이 고대 로마, 잉카, 아스텍 문명 때부터 존재했어. 오늘날은 금지되었지. ✤ 미국에서 노예 제도는 대략 1500년부터 1865년까지 지속되었어. 이 시기에 1,500만 명이 넘는 흑인들이 아프리카에서 아메리카로 붙잡혀 왔다고 본단다. 오늘날 오스트리아와 스위스 두 나라의 인구를 합친 수에 맞먹지. 흑인들은 이웃 부족이나 자기 족장의 손에 의해 유럽의 노예 상인들에게 팔렸고, 배에 실려 아메리카 대륙으로 보내졌단다. 아메리카 대륙에 도착해서는 주로 남부 주들의 노예 시장에서 팔려 나갔지. ✤ 노예들은 대규모 목화 농장에서 형편없는 환경과 씨름하며 일했단다. 백인들 가운데 아주 일부만이 노예한테 잘해 줬지. 대부분은 노예를 사람이라기 보다 짐승 같은 존재로 여겼어. 그랬기에 티끌만 한 가책도 없이 모질게 굴 수 있었던 거란다. ✤ 미국 남북 전쟁

(1861~1865) 때 북부 주들이 남부 주들에 대항하여 전쟁을 벌였단다. 남부 주들은 노예제를 포기할 생각이 없었기 때문에 다른 주들과 분리를 원했지. 길고 힘든 전쟁 끝에 북부의 연합군이 승리를 거두었어. 그 후 링컨 대통령은 노예제를 폐지했지. 링컨은 미국 헌법에 세 가지 수정 조항을 새로 추가했어. 미국에서 태어난 모든 사람은 자유롭고, 헌법에 보장된 권리를 가지며, 투표할 수 있다는 내용이었단다.

에이브러햄 링컨

하지만 링컨은 암살당했고, 곧바로 남부 주들은 새로운 법을 만들어서 백인과 흑인의 생활 공간을 철저히 나누었단다. 이를 일컬어 인종 분리라고 하지. 결국 흑인들은 투표권은 커녕 아무 권리도 없고, 여전히 가난에 허덕이고, 백인들보다 형편없이 나쁜 대우를 받았다는 얘기야. 이렇게 단지 어떤 인종에 속한다는 이유로 인간을 차별하는 것을 인종 차별이라고 한단다. 어떤 인종은 우월하고 어떤 인종은 열등하다고 믿는 사람들을 인종 차별 주의자라고 하지.

마틴에게 인종 분리는 무엇을 의미할까요? 예를 들면, 마틴네 식구들은 영화관에 가 본 적이 거의 없어요. 공원에도, 수영장에도, 박물관이나 도서관에도 갈 수 없었지요. 왜냐하면 이런 곳들은 죄다 흑인

출입 금지였기 때문이에요. 많은 레스토랑이 흑인은 손님으로 받지 않았고, 호텔에서도 방을 주지 않았어요.

마틴의 부모는 자식들이 인종 차별적인 모욕을 당하지 않게 하려고 상당히 애썼어요. 어머니는 마틴에게, 백인들은 모든 인간이 평등하다는 사실을 순순히 받아들이지 않는다고 설명해 주었어요. 그렇지만 원래 그렇기 때문에 도저히 어쩔 도리가 없다고 말하지는 않았지요. 언젠가는 분명히 바뀔 거라는 희망을 불어넣어 주었어요. 왜냐하면 인종 분리는 하느님의 뜻이 아니라, 인간에 의해 만들어진 것이기 때문이에요. 그러자 고작 여섯 살이었던 마틴은 이렇게 말했지요.
"언젠가는 내가 이 세상을 뒤집어 놓겠어요."
그리고 정말로 나중에 마틴은 그런 일을 해냈어요! 하지만 어쨌든 그때는 백인들을 철저히 미워하기로 마음 먹었답니다.

마틴의 아버지는 투사(사회운동에 앞장서는 사람)였어요. 극심한 가난 속에서 숱한 불의에 시달리면서도 빈곤과 부당함에 맞서 싸웠습니다. 인종 차별을 겪을 때마다 자존심과 긍지를 잃지 않으려고 당당히 맞선 아버지는 자녀들에게 훌륭한 본보기가 되었지요.
어느 날 마틴은 아버지와 함께 신발을 사려고 신발 가게에 갔어요. 점원이 흑인은 가게 안쪽으로 들어가라고 말했지요. 마틴의 아버지는 안쪽으로 들어가길 끝까지 거부했습니다. 그러느니 차라리 신발을 사지 않겠다며 가게를 나왔지요. 밖에 나와서 아버지는 아들에게 이렇게 말했습니다.

"시간이 얼마나 오래 걸리든 상관없어. 난 절대 물러서지 않을 거다. 죽을 때까지 맞서 싸울 거야. 네가 스스로 노예처럼 생각하지 않는다면, 누구도 너를 노예로 만들 수 없단다."

또 한번은 둘이 차를 타고 가다가 아버지가 정지 신

부모님과 할머니, 누나, 남동생과 함께 찍은 가족 사진

호를 못 보는 바람에 교통 경찰관한테 걸렸어요. 아버지가 차를 세우자 경찰관이 말했지요.

"야, 너, 운전 면허증 꺼내 봐!"

그러자 아버지가 대답했어요.

"여기 이 아이한테 하시는 말씀이신가요? 저는 아이가 아니라 어른입니다만."

당황한 경찰관은 꿀 먹은 벙어리가 되어, 위반 딱지를 내밀었답니다.

이런 일들은 마틴에게 소중한 경험이 되었어요. 마틴은 배웠습니다. 아무것도 두려워할 필요가 없다는 것과 스스로를 믿어야 한다는 것, 인종 분리를 마땅히 거부해야 한다는 것을요.

마틴은 많은 흑인들이 처한 빈곤과 부당한 인종 분리 말고도 많은 일을 겪었어요. KKK단과 같은 백인 인종 차별 주의자들의 잔혹한 행위들에 대해서도 숱하게 들었지요. 아마도 그 때문에 어른이 되었을 때 두려움 없이 흑인들의 권리를 위해 투쟁할 수 있었는지 몰라요.

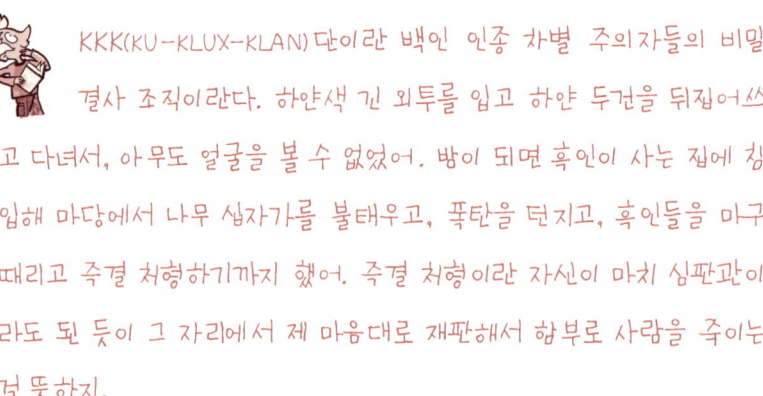

KKK(KU-KLUX-KLAN)단이란 백인 인종 차별 주의자들의 비밀 결사 조직이란다. 하얀색 긴 외투를 입고 하얀 두건을 뒤집어쓰고 다녀서, 아무도 얼굴을 볼 수 없었어. 밤이 되면 흑인이 사는 집에 침입해 마당에서 나무 십자가를 불태우고, 폭탄을 던지고, 흑인들을 마구 때리고 즉결 처형하기까지 했어. 즉결 처형이란 자신이 마치 심판관이라도 된 듯이 그 자리에서 제 마음대로 재판해서 함부로 사람을 죽이는 걸 뜻하지.

마틴은 처음에는 동네에 있는 공립 초등학교에 들어갔다가 사립 학교로 옮겼고, 나중에는 애틀랜타에 딱 하나밖에 없는 흑인 고등학교에 진학했습니다.

미국은 제2차 세계대전에 참전했고, 많은 흑인 병사들이 전쟁터에 나가 싸웠어요. 하지만 마틴은 전쟁에 대해 별로 아는 게 없었습니다.

저 멀리 유럽과 아시아에서 벌어진 전쟁이었으니까요.

　1943년, 열네 살이 된 마틴은 말하기 대회에 참가했습니다. 흑인도 마땅히 백인과 동등한 권리를 가져야 한다는 주제로 연설했지요. 이 대회는 다른 도시에서 열렸습니다. 마틴은 한 여자 선생님과 함께 낯선 도시에 가서 이등 상을 탔지요. 돌아오는 길에 마틴과 선생님은 버스를 탔습니다. 물론 흑인들이 앉는 뒤쪽 자리에 앉았지요. 나중에 백인들이 버스에 탔습니다. 버스 기사가 마틴과 선생님께 오더니, 자리를 양보하라고 요구했습니다. 그러더니 얼른 일어나지 않는다며 무

섭게 욕을 퍼부었지요. 마틴은 화가 치밀었어요. 도대체 왜 마틴이 일어나야 하죠? 똑같은 요금을 내고 탔는데 말이에요. 하지만 선생님이 말썽을 일으키지 말라고 타이르자 그냥 자리를 양보했지요. 마틴과 선생님은 집에 올 때까지 꼬박 두 시간을 서서 와야 했습니다.

이날 밤을 마틴은 절대 잊을 수 없었습니다. 그토록 심한 분노를 느낀 적은 평생에 다시없었지요.

여러분은 마틴의 심정을 이해할 수 있겠어요? 아무튼 한 가지는 분명히 알게 되었지요. 흑인은 결코 백인과 똑같은 권리가 없다는 사실이지요.

청소년 시절 마틴은 여자 친구들과 곧잘 어울려 다녔는데, 그럴 때면 주로 트위드(굵은 양모로 짠 옷감 종류의 하나)라는 옷감으로 지은 양복을 빼입곤 했어요. 마틴이 외모에 어찌나 신경을 썼는지, 친구들이 트위드라는 별명을 붙여 줄 정도였답니다.

마틴은 정서법 그러니까 철자법에서만 유난히 성적이 나빴고, 다른 과목에서는 우수한 학생이었습니다. 두 차례나 월반을 해서, 열다섯 살에 고등학교 과정을 모두 마칠 정도였답니다. 이제 대학에 진학해 공부를 계속할 생각이었지요.

하지만 마틴은 대학에 들어가기 전에 노동자의 일상을 경험하고 싶었어요. 자신이 다른 흑인 가정 아이들에 비해 훨씬 편안한 환경에서 자랐다는 걸 잘 알고 있기 때문이었지요.

마틴은 기차역 짐꾼도 하고, 침대 매트리스를 만드는 공장에서 일하기도 했습니다. 백인 사장들은 흑인 노동자들을 모질게 대했고, '깜둥이'라고 불렀습니다. 그건 흑인들을 업신여기는 욕설이었지요. 마틴으로서는 참기가 쉽지 않았겠지요. 게다가 일도 무척 힘들고 고되었어요. 하지만 마틴은 잘 버텨 냈습니다. 그렇게 번 돈을 아버지께 드려 대학 등록금에 보탰답니다.

어린 목사

마틴은 오래전부터 목표했던 모어하우스 대학에 들어갔습니다. 마틴의 아버지와 할아버지도 졸업한 조지아 주 최고의 흑인 대학이었지요.

모어하우스 대학엔 흑인 학생들뿐이었습니다. 마틴은 특정 주제나 이념(이상적이라고 여겨지는 생각)에 대해 의견을 나누는 토론 모임에 들어갔습니다. 모임에서는 다른 대학에 다니는 백인 대학생들도 만날 수 있었지요. 마틴은 거의 십 년 만에 다시 백인들과 접촉하게 되었습니다. 몇몇과는 친구가 되기까지 했지요. 마틴은 백인들이 나쁜 게 아니라, 인종 분리라는 제도가 잘못이라는 걸 깨달았어요. 오랜 세월 쌓아 왔던 백인에 대한 증오를 풀었습니다.

마틴은 진로를 두고 고민했어요. 뭐든 다른 흑인들을 돕는 직업을 갖고 싶었지요. 변호사나 의사가 되는 게 좋지 않을까? 두 직업 다 마틴의 마음을 끌었어요.

아버지는 마틴이 자신처럼 목사가 되길 바랐지만, 마틴은 목사라는 직업이 자신한테 어울리지 않는다고 생각했지요. 하지만 대학에서 만난 두 스승을 통해 성직에서 소명(하느님의 부름을 받는 일)을 찾고 목사가 되기로 뜻을 굳혔답니다.

　아버지는 마틴이 목사가 되겠다고 하자 무척이나 기뻐했어요. 이제 열일곱 살 된 마틴에게 자신이 일하는 애틀랜타 에베니저 침례교회에서 설교를 시켜 봤어요. 과연 마틴이 설교를 잘할 수 있을지, 사람들을 말로 감화시키는 자질이 있는지 금방 알 수 있을 테니까요. 많은 사람들이 와서 마틴의 설교를 들었습니다. 예배를 마치자 대디 킹은 미소 지었어요. 오, 그래, 내 아들은 확실히 재능이 있어!

마틴의 아버지가 목사로 일한 애틀랜타의 에베니저 침례교회

흑인 교회의 예배는 백인 교회하고 분위기가 많이 다르단다. 흑인 교회에서는 주로 노예 제도가 있던 시절에 지어진 찬송가들을 부르지. 혹시 교회에 다닌다면 '내 백성을 보내라'나 '그 누가 나의 괴로움 알며'라든지 '오, 성도들이 행진해 들어갈 때' 같은 찬송가를 아는 사람도 있을 거야. 흑인들은 찬송가를 부를 때 대개 자리에서 일어서서, 아주 큰 목소리로 부르고, 요란하게 손뼉을 치며 박자에 맞춰 춤을 춘단다. 설교하는 방식도 다르지. 목사는 마치 노래하듯 리듬을 타면서 설교를 하고, 듣는 사람들은 목사의 설교에 "네, 형제여!"라든지 "믿습니다!" 같은 말을 외치며 호응한단다. 백인 교회에 비해 예배가 꽤 시끌벅적하고 활기차고 감정 표현이 훨씬 풍부하지.

　　마틴은 열여덟 살에 목사 안수(목사가 되기 위한 예식)를 받았습니다. 이제 에베니저 침례 교회의 보조 목사가 되었지요. 열아홉 살에는 졸업 시험을 통과하여 대학을 마쳤습니다. 마틴은 신학을 더 공부하고 싶었습니다. 그래서 펜실베이니아에 있는 대학교에 들어갔지요.

　　마틴은 난생처음으로 집을 멀리 떠났습니다. 북부에는 인종 분리법이 없었기 때문에, 이 대학에는 백인과 흑인 학생들이 함께 있었어요. 물론 마틴과 같은 과에서 공부하는 백 명의 학생 중 흑인은 겨우 여섯 명에 불과했지요. 그래서 처음엔 말도 못하게 긴장되었어요. 늘 단정한 옷차림과 예의 바른 태도를 갖추려고 기를 썼지요. 시간을 빈틈

없이 정확하게 지켰고요. 거의 웃지도 않고, 농담 한마디 하지 않았어요. 흑인에 대한 편견에 온몸으로 맞서고자 했던 겁니다.

 흑인에 대한 편견: 더럽다, 멍청하다, 게으르다, 항상 억지웃음을 짓는다. 이런 편견들은 왜 생겼을까? ✤ 더럽다: 흑인들은 대개 워낙 가난했고, 그러다 보니 백인들처럼 자주 몸을 씻거나 의복을 빨아 입을 수 없었으니까. ✤ 멍청하다: 흑인들은 학교를 제대로 다니지 못했고, 흑인 학교는 백인 학교들에 비해 훨씬 열악했으니까. ✤ 게으르다: 흑인들은 백인들을 위해서 힘든 일을 하면서도 보수는 적으니 열심히 일할 의욕이 별로 안 났겠지. ✤ 억지웃음: 흑인들은 늘 백인들로부터 위협당하고 있다고 느꼈지. 이렇게 억지웃음을 지어서라도 자신들이 위험한 존재가 아니며 아무 악의가 없음을 나타내려 한 거야.
혹시 너희도 외국인이나 피부색이 다른 사람들에 대해 이런 식의 어이없는 편견을 가지고 있니?

마틴은 처음엔 무척 긴장했지만 학생들 대부분이 친절하고 상냥해서 이내 편안해졌습니다. 하지만 어느 날 남부 출신의 백인 학생 하나가 느닷없이 마틴의 방에 쳐들어와서 인종 차별적인 욕설을 마구 퍼부었지요. 마틴이 자기 방을 털었다는 둥 죽여 버리겠다는 둥 하면서 권총을 들이대며 위협했습니다. 하지만 마틴은 전혀 동요하지 않고 차분한 태도로, 그저 자기는 그런 짓을 한 적이 없다는 말만 분명하게 했어요. 결국 다른 학생들이 나서서 백인 학생을 간신히 진정시켰습니다.

이 사건은 학교 안에서 화제가 되었고, 모두들 마틴의 침착함에 감탄했습니다. 마틴은 소동을 피운 학생을 비난하지도 않고, 오히려 친구가 되었답니다.

이러한 태도에서 마틴의 성격을 엿볼 수 있습니다. 마틴은 나중에 민권 운동(사회 문제를 해결하거나 사회 체제를 근본적으로 바꾸기 위해서 사람들 스스로 힘을 모아 노력하는 일)에 나섰을 때도, 수없이 많은 모욕과 공격을 받았지만 한결같이 차분한 태도를 보여 주었지요. 마틴은 결코 상대방을 미워하지 않았습니다.

그 뒤 마틴은 또 다른 중요한 경험을 합니다. 사랑하는 사람이 생긴 거예요. 그런데 그 여자 친구는 백인이었던 겁니다. 그때는 미국 대부분의 주에서 백인과 흑인이 사귀는 걸 금지했어요. 대학 총장이 두 사람을 사무실로 불렀습니다. 총장은 아주 심각했지요. 두 사람에게 당장 헤어지라고 충고했어요. 결국엔 마틴과 여자 친구가 물러섰지요. 여자 친구는 가족과 함께 먼 곳으로 이사를 가기까지 했답니다.

흑인과 백인은 결혼해서 함께 살 수 없다는 것 역시 어이없는 인종 차별과 인종 분리에서 비롯된 것이지. 그럼에도 불구하고 결혼을 감행하는 사람이라면 엄청난 저항(어떤 힘이나 조건에 꺾이지 않고 거역하거나 버팀)에 부딪혀야만 했어. 마틴은 이 경험을 통해 또 한번 확실히 깨달았어.

> 자신은 백인들에 한참 못 미치는 존재라는 걸. 마틴이 이 모든 일을 어떻게 견뎠는지, 그런 와중에도 어떻게 자긍심을 키워 나갈 수 있었는지, 우리가 헤아릴 수 있을까?

마틴은 열심히 공부해서, 우수한 성적을 받았습니다. 최소한 백인 학생들한테 뒤지지 않겠다는 각오를 단단히 하지 않았을까요? 마틴은 헨리 데이빗 소로(1817에 태어나 1862에 죽은 미국의 사상가, 수필가)라는 사람의 책을 읽게 됩니다. 소로는 부당한 법이라면, 그 법을 어기는 것이 마땅하다고 썼지요. 이는 마틴에게 새로운 시각이었습니다. 부모는 늘 법을 잘 지키고 복종하라고 가르쳤지요. 마틴은 곰곰이 생각해 보았습니다. 부당하다고 생각되는 법이 한두 가지가 아니었지요. 여러분도 혹시 뭔가 떠오르는 게 있나요?

마틴은 마하트마 간디(1869에 태어나 1948에 죽은 인도의 정치가, 민족 운동 지도자)에 관한 책도 많이 읽었습니다. 간디는 인도가 낳은 자유의 투사입니다. 인도를 지배하던 영국인들에 맞서서 폭력을 쓰지 않고 평화 투쟁을 펼친 인물이지요. 마틴은 소로의 사상과 비폭력 저항이라는 간디의 실천 방식에 완전히 매료되었어요. 훗날 마틴은 민권 운동을 하면서 이를 그대로 적용하였고, 그럼으로써 많은 유혈 사태를 막게 됩니다.

2년 뒤 마틴은 보스턴 대학으로 옮겨 갑니다. 거기서 박사 학위를 받을 생각이었지요. 보스턴에서 마틴은 열심히 공부했어요. 하지만 여가도 즐겨서, 재즈 클럽에 가서 음악을 듣기도 하고, 레스토랑에서 외식도 곧잘 했습니다. 마틴은 통닭구이 같은 남부 지방 전통 요리를 무척 좋아했어요.

펜실베이니아와 보스턴은 모두 미국 북부에 있는 곳이지. 그곳은 인종 분리가 없었단다. 그러니까 마틴은 아무 레스토랑이든 자유롭게 들어갈 수 있고, 극장이나 버스나 기차에서도 아무 데나 앉을 수 있었던 거지. '백인 전용'이라든지 '흑인 전용' 같은 말은 어디서도 찾아볼 수 없었고, 마틴은 그게 정말 좋았어. 그렇다고 해서 인종 차별이 전혀 없었던 것은 아니야. 마틴은 보스턴에서 방을 구할 때, 한참 고생을 해야 했어. 흑인들한테는 방을 빌려 주지 않으려는 집주인들이 많았거든.

스물두 살이 된 마틴은 이제 아내를 구해 결혼할 때가 되었다고 생각했습니다. 여자 친구는 몇 명 있었지만, 결혼할 만한 상대는 딱히 없었습니다. 마틴은 확실한 이상형이 있었습니다. 어느 날 코레타 스콧을 만나자, 곧바로 '바로 이 여자다!' 하는 확신이 들었지요. 처음 만난 날 마틴은 코레타에게 고백해 버렸답니다. 코레타가 자신이 꿈꿔 온 아내의 조건, 즉 미모와 지성과 덕성을 모두 갖춘 사람임에 틀림없다고요. 정말이지 용기가 대단하죠?

코레타는 처음에는 무척 당황스러웠어요. 물론 그녀도 마틴에게 매우 마음이 끌렸어요. 하지만 그녀는 성악가가 되려고 공부하는 중이었어요. 목사의 아내가 될 생각은 없었죠. 하지만 마틴은 그녀에게 푹 빠졌고, 마침내 코레타의 마음을 얻었답니다.

1953년 6월 18일, 두 사람은 코레타의 부모 집에서 결혼식을 올렸습니다. 마틴의 아버지가 주례를 맡았지요.

결혼식을 올린 뒤 코레타는 마틴을 따라 침례교 신자가 되었습니다. 마틴의 아버지의 인도에 따라 침례탕 안에 들어가서 물 속에 완전히 잠겼다 나왔지요. 침례교 신자들이 침례를 받는 방식이랍니다.

마틴은 아내를 코리라는 애칭으로 불렀단다. 코레타는 장래에 민권 운동을 이끌 지도자에게 꼭 알맞은 짝이었지. 코레타의 아버지는 제재소를 운영해서 꽤 성공한 사람이었고, 그것 때문에 많은 백인들로부터 질시와 협박을 받았어. 백인들은 집과 제재소에 불을 지르기까지 했지. 그럼에도 불구하고 코레타의 아버지는 백인들을 증오

마틴과 코레타의 결혼식 사진

나 두려움으로 대하지 말라고 가르쳤단다. ✣ 마틴은 아내에 대해서 이렇게 말했어. "가장 어두운 순간에도 그녀는 희망의 빛을 비춰 주었습니다."

2. 평화로운 투쟁의 시작

두려움과 맞서다

결혼식을 올린 뒤, 마틴과 코리는 다시 보스턴으로 돌아왔습니다. 둘 다 바쁜 나날을 보냈지요. 코리는 음악 교사 자격을 얻는 공부를 마쳤습니다. 마틴은 박사 논문을 쓰는 한편, 교회에서 설교도 했습니다. 틈틈이 집안일도 거들어서, 설거지와 빨래를 곧잘 했지요. 일주일에 하루는 요리를 맡아, 솜씨를 뽐내기도 했답니다. 마틴은 양념 맛이 강한 미국 남부 음식을 좋아했고, 돼지 족발, 돼지 주둥이, 돼지 귀 요리 같은 것도 즐겼어요. 여러분이라면 질색을 할지도 모르겠지만, 마틴에겐 아주 별미였답니다.

마틴의 박사 논문은 훗날 많은 비판과 불명예를 안겨 주었단다. 마틴은 출처를 밝히지 않은 채 다른 사람의 논문 일부를 자기 논문에 그대로 인용했거든. 이런 표절(시나 글, 노래를 지을 때 남의 작품의 일부를 몰래 따다 쓰는 것)은 학문의 세계에서 절대로 용납되지 않는, 사기 행위(나쁜 꾀로 남을 속이는 일)에 해당하는 일이란다. 물론 마틴 루터 킹과 그의 생애에 대해 글을 쓴 작가들은 대부분 실수로 벌어진 일이라고 생각하지. 그렇지만 마틴처럼 널리 이름난 사람에 대해서는, 많은 사람들이 모든 면에서 흠이 없기를 기대하게 마련이고, 만약 그 기대에 어긋나는 일이 있을 땐 심각한 문제가 될 수 있는 법이야. 어쨌든 이 논문 문제에 있어서만큼은 그가 변명의 여지없이 처신을 잘못한 거지.

마틴은 박사 논문을 쓰면서 줄곧 진로를 고민했습니다. 학업을 마친 뒤 앞으로 어떻게 해야 할까. 목사로서 교회를 맡아 설교를 할까, 아니면 대학에서 학생들을 가르칠까?

어디에서 살 것인지도 문제였습니다. 북부는 흑인들에 대한 처우가 상대적으로 나았고, 더 자유로웠지요. 그렇지만 마틴은 남부로 돌아가서 목사가 되기로 결심했습니다. 그곳의 흑인들을 위해서 자신이 할 일이 더 많을 거라고 생각했기 때문이에요.

1954년에 마틴은 앨라배마 주 몽고메리의 덱스터 침례교회에서 시범 설교를 요청받았습니다. 처음에는 무척 긴장이 됐습니다. 사람들에게 무슨 얘기를 할까? 하지만 중요한 건 자신이 아니라 하느님과 하느님이 주신 사명이라는 것을 생각하며 마음을 차분히 가라앉힐 수 있었지요. 마틴은 훌륭하게 설교를 마쳤고, 덱스터 침례교회는 기꺼이 그를 새 목사로 초빙했습니다.

덱스터 침례교회

 마틴은 쉽고 편한 길을 놔두고, 가장 힘든 길을 택했단다. 다른 곳도 아니고, 곧이어 시민권(행동, 사상, 재산, 신앙의 자유가 보장되고 정치에 참여할 수 있는 시민의 권리) 운동의 물꼬를 틀 몽고메리에 정착하게 되었다니, 돌이켜 보면 마틴의 인생에서 참으로 의미심장한 발걸음이었지. 만약 이때 마틴이 다른 도시로 갔다면, 오늘날까지 전 세계에 깊은 영향을 준 비폭력 민권 운동이 일어나지 않았을지 아무도 모를 일이지.

부임하자마자 마틴은 교회에서 많은 변화를 이끌었습니다. 덱스터 침례교회에는 흑인 의사, 변호사, 사업가들이 많았는데, 마틴은 가난한 사람들도 교회에 나오게 했습니다. 그들이 자존심과 긍지를 가지도록 돕고 싶었습니다. 마틴은 다양한 프로그램으로 가난한 흑인들을 지원했습니다. 그들이 부당함을 깨우치도록 설교했습니다.

 이 점에서 마틴은 버락 오바마 미국 대통령과 비슷한 길을 걸었단다. 오바마는 이 시절의 마틴 나이가 되었을 때, 마틴과 비슷한 목표를 갖고, 시카고의 흑인 빈민을 위해 사회 복지사로 일했어. 오바마 역시 미국의 많은 흑인 주거 지역에 만연한 가난, 실업, 절망과 맞서 싸우고자 했지.

버락 오바마 대통령

예를 들어 마틴은 두려움을 어떻게 처리해야 하는가에 대해 설교했습니다.

✣ 인종 차별 주의자에 대한 두려움
✣ 경찰에 대한 두려움
✣ KKK단에 대한 두려움
✣ 폭력에 대한 두려움
✣ 모욕에 대한 두려움
✣ 억압에 대한 두려움

마틴은 두려움이란 사람을 조심하도록 만들기 때문에 반드시 필요하며 또 중요하다고 말했습니다. 그렇지만 절망으로 내몰아 꼼짝할 수 없게 만들 수도 있다고 했지요. 그러므로 자신의 두려움과 맞서서 극복하는 일이 중요하다고 말했습니다.

용기, 신앙, 사랑, 마틴은 이 세 가지에 힘입어 자신의 두려움들을 이겨 낼 수 있었습니다.

마틴은 '전미 유색인 지위 향상 협회(NAACP)'라는 단체에 가입했습니다. 흑인들의 권리를 위해 미국 전역에서 투쟁하는 단체입니다. 예를 들어 흑인이 인종 차별에 맞서 법정에 서야 할 때 변호사 비용을 댄다든지, 흑인들에 대한 폭력 사건을 조사할 사립 탐정을 고용하는 일 등을 지원했지요.

 이 시절에 흑인들의 권리를 대변하는 단체가 여럿 있었단다. 하나는 남부의 전미 유색인 지위 향상 협회였고, 또 하나는 북부의 인종 평등 회의(CORE)로, 이런 단체들에서는 흑인과 백인들이 함께 일했지. 나중에 이 모두를 통틀어 민권 운동이라고 불렀는데, 왜냐하면 그들 모두 흑인들이 시민권을 얻을 수 있도록 투쟁했기 때문이야. 시민권이란 무엇을 말할까? ✚ 자유, 그러니까 학교와 교육과 주거와 생업 등을 자유롭게 선택할 수 있는 권리. ✚ 평등의 권리, 다시 말해 백인들과 동등하게 대우받을 권리. ✚ 또 선거에 참여하고, 그럼으로써 권력을 일부 행사할 수 있는 권리를 말한단다. 운동이라고 일컬은 것은, 그들이 뭔가를 움직이고 변화시키고자 했기 때문이야.

얼마 지나지 않아, 마틴은 몽고메리에 사는 흑인들 사이에서 아주 유명하고 중요한 인물이 되었습니다.

1955년 11월 17일, 마틴과 코리의 첫아이가 태어났습니다. 이름은 욜란다 데니즈, 주로 요키라고 불렸지요. 두 사람은 정말 행복했습니다. 마틴은 꼭 여덟 명의 자녀를 낳고 싶어 했지만 코리가 설득해서 넷으로 줄였답니다.

이로부터 딱 이 주 뒤에 마틴은 인생에서 엄청난 전환점이 될 전화 한 통을 받게 됩니다.

버스 안 타기 운동

1955년 12월 2일. 마틴은 지금 자기 방에서 다음 주 설교를 준비하고 있어요. 코레타는 부엌에 있고, 갓난아기 요키는 아기 침대에서 뭐가 재밌는지 혼자서 까르륵거리며 놀고 있어요. 그때 전화벨이 울리지요. 전미 유색인 지위 향상 협회 앨라배마 지부장인 에드 닉슨이에요. 에드가 잔뜩 흥분한 목소리로 마틴에게 로자 파크스 사건을 알립니다. 로자는 전미 유색인 지위 향상 협회에서 비서로도 활동하고 있는 흑인 재봉사인데, 버스에서 백인에게 자리 양보를 거부했다는 이유로 어제 체포되었다는 거예요.

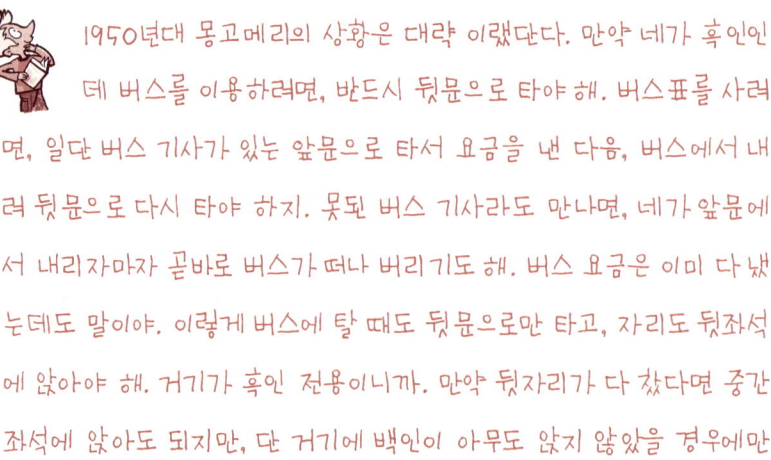

1950년대 몽고메리의 상황은 대략 이랬단다. 만약 네가 흑인인데 버스를 이용하려면, 반드시 뒷문으로 타야 해. 버스표를 사려면, 일단 버스 기사가 있는 앞문으로 타서 요금을 낸 다음, 버스에서 내려 뒷문으로 다시 타야 하지. 못된 버스 기사라도 만나면, 네가 앞문에서 내리자마자 곧바로 버스가 떠나 버리기도 해. 버스 요금은 이미 다 냈는데도 말이야. 이렇게 버스에 탈 때도 뒷문으로만 타고, 자리도 뒷좌석에 앉아야 해. 거기가 흑인 전용이니까. 만약 뒷자리가 다 찼다면 중간 좌석에 앉아도 되지만, 단 거기에 백인이 아무도 앉지 않았을 경우에만 그렇지. 백인들은 앞자리나 중간 자리 아무 데나 앉을 수 있어. 백인이 한 사람이라도 중간 좌석에 앉으려고 하면, 너와 흑인 친구들은 모두 자리에서 일어나야만 한단다. 버스 기사들은 모두 백인이야. 그들은 너를 깜둥이나 검은 원숭이라고 부르며, 함부로 모욕할 거야. 만약 네가 1950년대에 몽고메리에서 사는 흑인이라면, 아마 이런 상황들을 겪었을 거야.

로자 파크스는 조용한 성격의 여자였어요. 전날 로자는 퇴근 뒤에 크리스마스 쇼핑을 했지요. 기다렸던 버스가 왔는데, 만원이었어요. 그래서 일부러 더 기다렸다가 다음 버스를 탔지요. 뒷자리는 역시 꽉 찼지만, 버스의 중간 좌석에 빈자리가 하나 있었어요. 이제 겨우 앉아서 편히 갈 수 있게 되어 좋았지요. 몇 정거장 더 갔을 때 백인 남자에게 자리를 양보해야 하는 상황이 되었지만, 로자는 그냥 앉아 있었어요. 버스 기사가 감방에 보내겠다고 을렀지만, 로자는 이렇게 대답했어요.

"좋아요, 그럼 나를 감방에 집어넣으세요."

승객들이 모두 눈이 휘둥그레져서 로자 파크스를 쳐다보고 있는 동안, 머리끝까지 화가 난 버스 기사는 경찰을 불렀지요. 나중에 로자는 그날의 행동이 분리 정책에 저항하는 의도였느냐는 질문을 받고서 말했지요. 아니다, 단지 다리가 너무 아파서 그랬을 뿐이라고.

바로 전미 유색인 지위 향상 협회 사람들이 기다리던 기회였어요.

그들은 이제 '버스 안 타기 운동'을 준비합니다. 즉, 다음 주 월요일부터 모든 흑인들이 버스를 이용하지 말자는 것이지요. 버스 이용 거부로 로자 파크스 체포 사건에 대한 모든 흑인들의 항의를 보여 주고자 했습니다.

전미 유색인 지위 향상 협회 회장인 닉슨은 마틴에게 이 일에 참여하겠는지 물었습니다. 교회를 통해 지역 주민의 신뢰를 받고

로자 파크스와 마틴(사진 왼쪽 뒤)

있는 목사의 지지가 있다면, 이 계획은 더욱 효과적일 테니까요. 마틴은 좋은 아이디어라고 생각했어요. 그래서 전미 유색인 지위 향상 협회 임원들과 몽고메리 시의 목사들에게, 오늘 저녁 자신의 교회에서 만나서 앞으로의 계획을 의논하자고 제안했습니다. 전원이 모였고, 몽고메리의 흑인들은 월요일부터 버스를 이용하지 않기로 결정했지요. 그들은 세 가지 요구 사항을 다듬어 몽고메리 시 당국, 즉 시장과 시의원들에게 제출하기로 했습니다. 모두 버스 이용에 관한 내용이었습니다.

요구 사항
1. 앞으로는 흑인들을 정중하게 대할 것.

2. 자리는 타는 순서대로 앉을 수 있도록 할 것. 흑인들은 뒷자리부터, 백인들은 앞자리부터 앉기.
3. 흑인 주거 지역에 흑인 버스 기사를 배치할 것.

그런데 몽고메리에 사는 모든 흑인들에게 버스 안 타기 운동을 어떻게 알려야 할까요? 서둘러 전단지 7,000장을 만들어 사방에 뿌렸습니다. 거기에는 이렇게 적혀 있었습니다.

> 월요일은 버스를 타지 않습니다. 버스에서 자리를 양보하지 않았다는 이유로, 또 흑인이 체포당했습니다. 택시를 타거나, 다른 사람의 차를 이용하거나, 걸어 다니세요. 버스는 타지 않습니다! 월요일 저녁은 홀트스트리트 침례교회에서 열리는 집회에 모입시다.

월요일 아침, 마틴은 평소보다 더 일찍 일어났습니다. 아주 긴장되고 마음이 조마조마했지요. 과연 사람들이 잘 따라 줄까? 마틴네 집 바로 몇 미터 앞에 버스 정류장이 하나 있었습니다. 마틴이 부엌에서 커피를 마시고 있는데, 아내가 큰 소리로 불렀습니다.
"여보, 여보, 어서 이리 와 봐요!"
마틴은 거실 창문으로 달려갔지요. 바깥은 아직 어둑어둑했어요. 그때 버스가 오는 거예요! 그런데, 오 세상에, 거의 텅 빈 버스 아니겠

어요? 평소 같으면 새벽부터 일터로 향하는 흑인들로 버스가 꽉 찼을 시간이에요. 다음 버스도, 그다음 버스도 마찬가지였지요. 마틴은 차를 몰고 시내 전체를 여기저기 돌며 살펴봤어요. 버스에 탄 흑인이라고는 다 합쳐서 겨우 여덟 명밖에 보지 못했어요.

새로운 민권 운동

그야말로 믿을 수 없는 일이에요. 마틴과 전미 유색인 지위 향상 협회 사람들은 흑인들의 참여율을 대략 60퍼센트쯤, 그러니까 절반 조금 넘는 정도에 그칠 것으로 예상했지요. 그런데 막상 시작해 보니 버스를 이용하는 사람이 거의 없었던 거예요. 마틴이 보기에 흑인들은 거의 다 걸어서 다녔지요. 직장이나 학교까지 몇 킬로미터씩 되는 먼 길을 말이에요. 자전거를 타는 사람도 있고, 심지어 노새를 타고 가는 사람까지 있었어요. 흑인 형제자매들이 자신들의 권리를 찾기 위해 불편과 고생을 마다하지 않는 모습을 보자 마틴은 너무나도 자랑스러웠어요. 그토록 오랜 세월 협박과 폭력에 완전히 짓눌려 있던 사람들이에요. 아무리 부당한 일을 당해도 두려움에 주눅이 들어 묵묵히 받아들였지요. 하지만 이젠 달라요!

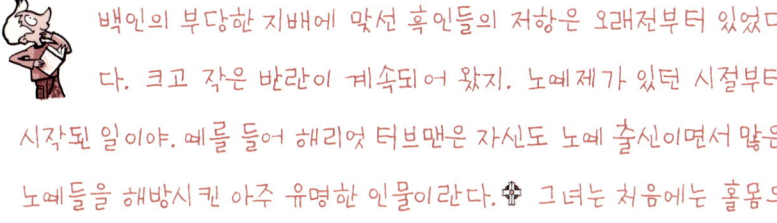

백인의 부당한 지배에 맞선 흑인들의 저항은 오래전부터 있었단다. 크고 작은 반란이 계속되어 왔지. 노예제가 있던 시절부터 시작된 일이야. 예를 들어 해리엇 터브맨은 자신도 노예 출신이면서 많은 노예들을 해방시킨 아주 유명한 인물이란다. ✢ 그녀는 처음에는 홀몸으로 북부로 탈출했지. 그 뒤 8년 동안 자기가 살던 고향 메릴랜드를 열아

해리엇 터브맨

홉 차례나 왕복하며, 100명이 넘는 노예들을 탈출시켰어. 미리 마련해 둔 도주로를 통해 그들을 안내했는데, 이를 '지하철도'라고 불렀지. 중간 중간 협력자들을 두어 음식과 물, 잠자리 등을 제공했단다. 해리엇으로서는 위험하기 짝이 없는 여행길이었어. 특히 고향 쪽에서는 얼굴이 알려졌기 때문에 더욱 위험했지. 하지만 하느님에 대한 굳건한 신앙 속에서 힘과 용기를 얻어 이 일을 계속했지. 이렇게 많은 사람을 탈출시키도록 단 한 사람도 경찰에 잡힌 적이 없었단다. 여행길에서 해리엇은 종종 찬송가를 불렀어. 찬송가는 해리엇에게 용기를 북돋아 주었고, 또 한편으로는 노예들 사이에 은밀히 통하는 암호 역할도 했지. 오늘날까지도 미국의 어린이들은 해리엇 터브맨의 영웅적인 활동에 대해 책에서 많이 읽고 있단다.

이제 버스 안 타기 운동은 어떻게 진행될까요?

흑인들은 계속하기로 결정했습니다. 이 일의 진행을 위해 몽고메리 개선 협회(MIA)라는 단체가 결성되었습니다. 마틴이 회장으로 뽑힙니다. 그날 저녁 친구인 랠프 애버내시의 교회에서 집회를 하기로 하고, 연설을 맡았습니다. 흑인들이 5,000명 넘게 모였고, 신문 기자들도 꽤 몰려왔습니다. 대부분이 안으로 들어가지 못한 채, 교회 바깥에서 확성기를 통해 연설을 들어야 했지요.

마틴은 사람들에게 어떤 얘기를 하면 좋을까 곰곰이 생각했습니다. 그는 두려웠습니다. 지금까지의 인생을 통틀어 가장 중요한 연설이었지요. 한편으로는 흑인들에게 용기를 불어넣고, 자신들의 권리를 찾는 투쟁에 용감하게 나서자고 호소하고 싶었습니다. 하지만 다른 한편으로는 평화로운 태도를 지키는 것도 정말로 중요하다고 생각했습니다. 마틴은 말했습니다.

"저들이 고통을 당할 때가 왔습니다."

하지만 그는 이렇게 연설을 맺었습니다.

"우리의 백인 형제들을 미워하지 맙시다."

이 첫 연설과 함께 마틴은 새로운 민권 운동의 길로 접어들게 됩니다. 폭력을 쓰지 않는 평화 투쟁을 요청함으로써, 마틴은 앞으로의 방향을 확실하게 잡았지요. 흑인들은 그의 연설에 열광하며 우레와 같은 박수를 보냈습니다. 버스 안 타기 운동은 그들에게 희망과 용기, 그리고 새로운 힘을 느끼게 해 주었습니다.

몇 날 몇 주가 흘렀습니다. 사람들은 흔들이지 않고 버텼습니다. 여전히 걸어 다니고, 자가용을 함께 탈 모둠을 짜고, 교회에서 제공한 차량을 승합 택시로 이용했습니다. 그리고 미국 전역에서, 심지어는 스위스나 일본 같은 먼 외국에서까지 몽고메리 개선 협회(MIA)에 후원금을 보내 왔습니다. 이런 후원금 덕분에 버스 안 타기 운동은 계속될 수 있었습니다.

마틴은 이제 할 일이 너무 많아졌습니다.
✢ 흑인들의 집회
✢ 시의원들과의 만남
✢ 자동차 함께 타기 운동 조직
✢ 후원금 모금
✢ 신문, 방송과의 인터뷰

늘 바쁘게 돌아다니다 보니, 가족과 함께 보낼 시간이 턱없이 부족했지요. 그래도 아내 코리가 잘 이해해 줘서 얼마나 다행이었는지 모릅니다. 코리 역시 남편이 하는 일을 자기 자신의 일처럼 중요하게 생각했지요.

그런데 시 당국으로부터 반격이 들어왔습니다. 처음엔 버스 안 타기 운동이 끝났다는 거짓 뉴스를 신문으로 퍼뜨렸지요. 마틴과 동료들

이 그 소식을 접한 건 토요일 저녁이었습니다. 서둘러 레스토랑과 영화관, 극장 등을 돌았지요. 그렇게 부지런히 발로 뛰어다닌 덕에 신문이 나오기 전에 가까스로 사람들에게 사실을 알릴 수 있었습니다.

그러고 났더니, 버스 안 타기 운동에 들어오는 후원금을 마틴이 착복한다는 소문이 돌았습니다. 마틴은 마음에 상처를 입었지요. 즉시 회장 자리에서 물러나겠다고 했어요. 그렇지만 친구들과 동료들이 말렸습니다. 그들은 마틴을 굳게 믿었으니까요.

그 뒤에 마틴은 과속 운전을 빌미로 경찰에 붙잡혀, 감방에 들어갔습니다. 마치 흉악한 범죄자라도 된 듯 체포되고 감옥에 갇히다니, 마틴으로서는 생소하고 겁나는 경험이었지요. 게다가 감옥으로 호송한다며 경찰관들이 마틴을 태운 채 시내를 미친 듯이 질주하는 바람에, 마틴은 생명의 위협마저 느꼈습니다. 워낙에 많은 흑인들이 외진 골목길 같은 데서 살해되는 일이 흔히 일어났고, 그러고도 살인자들은 아무 처벌을 받지 않곤 했거든요. 마침내 감옥에 도착했을 때 마틴은 오히려 안도의 한숨을 쉴 정도였답니다. 마틴이 붙잡혀 갔다는 소식을 듣고 흑인들이 교도소 앞에 모여들었습니다. 수가 점점 많아지자, 교도소 소장은 폭동이 일어날까 두려워서 마틴을 풀어 주었습니다. 마틴은 기뻤습니다. 많은 사람들의 지지는 그가 두려움을 극복하고 계속 앞으로 나아갈 수 있도록 힘을 주었습니다. 감옥은 그 뒤로도 여러 차례 들어가게 되지요.

마틴이 처음 체포되었을 때 경찰서에서 찍은 사진

폭력 대 비폭력

백인들 중에는 마틴을 비롯한 흑인들의 행동에 대해 굉장히 분노하는 사람들이 많았지요. 마틴은 욕설과 협박이 담긴 전화와 편지를 날마다 30통쯤 받았습니다. 만약 여러분이 이렇게 엄청난 분노와 증오를 감당해야 하는 처지라면 어떨지 한번 상상해 보세요.

마틴은 자신이 과연 버틸 수 있을지 의심이 생겼지요. 어느 날 저녁엔 완전히 지치고, 외롭고, 절망적인 기분이 들었습니다. 기력이 송두리째 바닥난 느낌이었지요. 차라리 포기해 버리고 싶었지요. 마틴은 하느님께 기도하며, 도움을 구했어요. 그러다가 문득 다시 기운을 차렸고 희망이 생겼지요. 두려움은 사라졌어요. 하느님이 기도에 응답하셨다는 생각이 들었습니다. 그는 혼자가 아니었어요. 바로 이 순간부터 마틴은 더 이상 아무것도 두렵지 않았습니다. 그는 집 안에 있던 총기도 치웠습니다.

그 전에는 혹시 모를 위급한 경우를 대비하여 마틴의 집에 방어용 총기가 있었단다. 다른 사람들에게 폭력을 쓰지 않고 평화적으로 투쟁해야 한다고 설교하는 사람한테는 어울리지 않는 일이었지. 마틴은 이렇게 말했어.

"몽고메리에서 집에 총기를 갖추고 있던 시절에는 두려움이 훨씬 컸습니다. 총기를 버리겠다고 결심했을 때 나는 죽음이 코앞에 와 있음을 느꼈습니다. 나는 그것을 받아들였습니다. 그 순간부터 나는 더 이상 총기가 필요하지 않았고, 또한 그 순간부터 나는 더 이상 아무것도 두렵지 않았습니다." ✦ 마틴이 느낀 힘은 총이 아닌 자신의 내면에서 나오는 것이었지. 이런 용기야말로 머리끝부터 발끝까지 무기로 무장한 사람의 용기보다 훨씬 더 강력하지 않을까?

마틴의 비폭력은 어디에서 비롯된 것일까요?

무엇보다 하느님을 믿는 신앙에서 나온 것입니다. 그는 목사였어요. 그랬기에 하느님과 기독교 신앙이 아주 중요했지요. 성경에서 예수는 원수를 사랑하라고 말했어요. 마틴도 그대로 믿었지요.

비폭력을 실천하는 방법은 간디에게 배웠어요. 간디는 이를 비폭력 투쟁이라고 일컬었어요. 부당한 규정이나 법에 저항하는 뜻으로 그 규정과 법을 지키지 말자는 것입니다. 하지만 폭력을 행사해서는 안 되며, 설령 폭력이 가해지더라도 저항하지 말아야 한다고 했지요.

마틴 역시 비폭력을 부르짖었어요. 그러지 않고는 흑인들이 성공을 거둘 수 없다고 확신했기 때문입니다. 그들은 미국 안에서 약자였어요. 세력도 거의 없었고, 당연히 백인보다 훨씬 힘이 없었지요. 바로 그렇기 때문에 폭력을 포기해야만 이길 수 있었어요. 그래야만 그들이 선한 입장이 되어, 백인들을 압박할 수 있다는 얘기지요.

물론 대다수의 흑인들은 비폭력 저항에 반대했어요.

그들은 이렇게 말했죠.

"백인들은 오직 폭력으로 말해야만 알아듣는다."

"몇 사람 죽어야 비로소 백인들은 우리가 아무것도 두려워하지 않는다는 걸 알아차릴 것이다."

"죽어나가는 사람이 생겨야, 주 정부가 개입할 것이다."

이렇게 말하는 사람들도 있었어요.

"좋다, 내게 폭력이 가해지지 않는 한, 나도 폭력을 쓰지 않겠다. 그렇지만 누군가가 나를 공격한다면, 나도 되갚아 주겠다."

마틴의 생각은 달랐습니다.

한밤중에 걸려 오는 항의 전화로도 모자라, 마틴의 집에서 폭탄이 터졌습니다. 마틴은 마침 모임 때문에 나가 있었지만, 아내 코리와 어린 딸 요키가 집에 있었지요. 마틴은 소식을 듣자마자 집으로 달려갔어요. 다행히 두 사람 다 무사했지요. 그런데 성난 흑인 군중이 집 앞에 모여들어 있었어요. 총기를 든 사람도 많았지요. 집 안에는 백인 기자와 경찰관들이 대피해 있었어요. 그들은 분노한 흑인들의 표적이 되었지요. 마틴은 흥분한 군중 앞에 섰습니다. 손을 들어 사람들을 진정시키고는 아주 차분한 목소리로 이야기했지요.

"나는 여러분이 총기를 내려놓고 집으로 돌아가시길 원합니다. 우리는 이 문제를 폭력으로 해결할 수 없습니다. 우리는 폭력에 비폭력으로 응해야 합니다. 증오를 사랑으로 대해야 합니다."
　사람들은 어리둥절했습니다. 뭐라고? 자기 집이 지금 폭탄 공격을 당했는데도 사랑을 이야기하는 거야? 도대체 믿기 힘든 일이었지요. 하지만 결국 사람들은 마음을 가라앉혔어요. 군중은 해산했지요. 한 백인 경찰관이 혼잣말로 중얼거렸어요.
　"이 깜둥이 목사 아니었으면 지금쯤 우린 다 죽었을 거야."

　그런 일이 있고도 마틴은 평소와 다름없이 일해 나갔어요. 아내 코리 역시 여전히 차분하게 남편을 도왔지요. 그러던 와중에 시 당국에서 버스 안 타기 운동이 법을 어긴 것이라는 입장을 밝혔고, 마틴은 또다시 체포되었습니다.
　마틴은 곧바로 보석으로 풀려났습니다. 즉, 일정 금액의 돈을 내고 재판 때까지 일단 자유의 몸이 된 것입니다. 그런데 이어진 재판에서 500달러의 벌금과 386일간의 강제 노동에 처한다는 판결을 받았지요. 마틴 쪽 변호사들은 상소를 했습니다. 상소란, 상급 법원에 사건을 다시 재판해 줄 것을 요청하는 거예요. 그와 동시에 변호사들은 또 한 가지의 묘책을 궁리해 냈답니다. 바로 헌법 소원이었지요. 몽고메리 버스 회사의 인종 분리 정책이 헌법에 위배됨을 밝혀 달라고 미국의 최고 법원인 연방 대법원에 요청한 것입니다.

 미국 헌법은 미국 정치와 법의 기본이 되는 법이란다. 우리나라 헌법과 마찬가지겠지. 1865년 남북 전쟁이 끝난 뒤 미국 헌법에는 세 가지 조항이 추가되었어. 거기에는, 미국에서 태어난 사람은 누구나, 그러니까 흑인도 역시 미국 국민이며, 선거권이 있다는 내용이 있어. 모든 미국 국민에게 자유와 평등이 보장되었지. 하지만 인종 분리법으로 인해 자유와 평등이 분명히 침해받고 있잖아. 바로 그래서 변호사들이 헌법 소원을 제기한 거란다.

몽고메리에 사는 흑인들로서는 참으로 괴로운 시절이었습니다. 버스 승차 거부는 반 년 넘게 계속되고 있었어요. 사람들은 지쳤습니다. 게다가 시 당국은 흑인 공동 택시 운행마저 막으려고 했지요. 그렇게 되면, 버스 안 타기 운동도 끝장이었어요. 한 겨울에 어떻게 그 먼 길을 계속 걸어 다니면서 버티겠어요? 그런데 마틴이 법원 앞에서 공동 택시에 대한 판결을 기다리고 있던 바로 그 순간, 기자 한 명이 다가왔습니다. 그러더니 최고 법정이 버스 내 인종 분리가 미국 헌법에 위배된다는 판결을 내렸다는 소식을 전했습니다. 브라보! 그야말로 멋진 막판 뒤집기였지요! 마침내 흑인들이 이긴 겁니다. 사람들은 환호성을 올렸지요. 마틴도 너무나 기뻐했습니다.

그다음 날 밤에 KKK단이 흑인 동네에 나타났을 때, 놀라운 일이 벌어집니다. 예전 같으면 모두들 겁을 먹고 집 안으로 도망쳐 들어가,

버스 안 타기 운동에서 승리한 마틴과 코레타가 민권 운동 지도자들과 함께 버스를 타기 위해 기다리는 모습

문을 꼭꼭 걸어 잠그고 불을 끈 채 숨죽이고 있을 상황이었어요. 그런데 이번은 아니었어요. 흑인들이 모두 나와 자기 집 현관 앞에 서서, 마치 서커스 행렬이라도 구경하듯 지켜보는 거예요. 이래서야 행패를 부릴 맛이 뚝 떨어질 수밖에요! KKK단 사람들은 결국 몇 블록 가다 말고 슬그머니 꽁무니를 뺐답니다.

1956년 12월 20일, 버스 안 타기 운동이 시작된 지 장장 381일 만에 드디어 몽고메리 지역의 버스에서 인종 분리가 철폐되었어요. 이를 기념하는 뜻으로 마틴은 로자 파크스, 그리고 몽고메리 개선 협회의 여러 지도자들과 함께 버스를 탔습니다. 백인 목사 한 분도 함께했지요. 버스 기사가 마틴을 보고 이렇게 말했어요.

"킹 박사님이시군요. 오늘 아침 제 버스로 모시게 되어 영광입니다."

신문들은 이를 몽고메리의 기적이라고 불렀습니다. 마틴은 버스에 탔고, 옆자리에 백인 목사가 나란히 앉았지요. 그와 모든 흑인들에게 얼마나 감격적인 순간이었을까요. 그들은 마음껏 자축을 했습니다. 사람들은 마틴을 두고 미국의 간디, 흑인 모세(기원전 13세기 무렵에 이스라엘 민족을 해방시킨 지도자), 성자 마틴이라고 칭송했지요.

유감스럽게도 백인 인종 차별 주의자들은 흑인들이 거둔 승리에 대해 또다시 폭력으로 응수했습니다. 몇 주 동안 몽고메리에서 폭탄 테러가 열 번이나 일어났습니다. 하지만 시 당국과 신문에서 폭력 행위를 신랄하게 비판하자 중단되었지요. 그동안 마틴은 사람들에게 비폭력을 유지하자고 계속 호소했습니다. 폭력에 물들어서는 절대로 안 될 일이었어요. 그리고 믿을 수 없는 일이 일어났습니다. 몽고메리에서 백인과 흑인이 버스에서 나란히 앉아 가는 게 이내 너무나 자연스러운 일이 되었답니다.

이것은 미국 남부에서 인종 분리가 종결되는 첫걸음이 됩니다.

그 당시 흑인들에게 이게 어떤 의미였을까, 여러분도 한번 상상해 보세요.

마침내 그들은 희망을, 자존심과 긍지를, 그리고 타인보다 결코 열등한 존재가 아니라는 자부심을 갖게 되었습니다.

3. 고난과 영광의 시절

가장 유명한 운동가

　마틴은 '몽고메리의 기적' 덕에 전국적으로 유명해졌습니다. 두말할 나위 없이 흑인 민권 운동의 지도자로 여겨졌지요. 물론 흑인의 권리를 위해 싸우는 여러 조직들이 있었고, 저항 운동을 이끄는 지도자들도 많았습니다. 그렇지만 이제 마틴은 그중에서도 가장 유명한 인물이 되었지요. 어느 누구보다도 마틴의 연설은 사람들을 감동시키고 설득하는 힘이 있었습니다. 이제 마틴이 가는 곳마다 사람들이 찾아와서 인사를 하고, 악수를 청하고, 사인을 부탁했습니다.

　스스로 우쭐해지지 않으려고, 마틴은 다른 사람들의 도움 없이는 아무것도 이룰 수 없었으리라는 사실을 거듭 마음에 다집니다.

　이제 마틴은 무슨 일을 했을까요?

　마틴은 시민권 투쟁을 남부 전역으로 확대하기 위해 다른 흑인 지도자들과 함께 새로운 단체를 조직했습니다. 단체의 명칭은 '남부 크리스트교 지도자 회의(SCLC)'라고 정했고, 마틴이 회장으로 뽑혔습니다.

　1957년 10월 23일, 아들이 태어났습니다. 마틴 루터 3세, 애칭으로 마티라고 했지요. 이리하여 할아버지, 아버지에 이어 아들까지, 집안에 마틴 루터 킹이 세 명이 되었답니다. 마틴은 집을 떠나 있을 때가 워낙 많았어요. 아이들과 뛰어 놀며 장난치는 걸 좋아하는 사람인데, 가족과 함께 지낼 시간이 너무 적어서 정말로 속상했지요.

1957년부터 1958년까지 2년에 걸쳐 마틴은 208회의 연설을 했고, 여행한 거리를 다 합하면 총 백만 킬로미터가 넘었습니다. 그 외에도 몽고메리 버스 안 타기 운동에 대한 책을 썼고, 여러 도시로 낭독회를 다니기도 했습니다.

마틴과 코레타, 그리고 네 자녀 덱스터, 요키, 버니와 마티

1958년 9월 19일, 마틴은 할렘의 어느 백화점에서 낭독회를 하고 있었지요. 할렘은 뉴욕에 있는 흑인 주거 지역이에요. 책에 사인을 받으려는 많은 사람들이 그를 에워싸고 있었어요. 그때 어떤 중년 부인이 군중을 헤치고 다가왔지요. 부인이 마틴에게 물었어요.

"당신이 킹 박사입니까?"

마틴은 그렇다고 대답했지요. 그러자 부인이 외쳤어요.

"루터 킹, 5년 전부터 네 뒤를 밟아 왔다!"

그러더니 느닷없이 마틴의 가슴팍에 편지 봉투 칼을 꽂았어요. 마틴은 급히 병원으로 실려 갔어요. 칼은 대동맥 바로 옆에 꽂혔어요. 만약 대동맥을 다쳤다면, 출혈로 목숨을 잃을 수도 있는 상황이었지요. 몇 시간에 걸친 대수술이 이어졌습니다. 갈비뼈 두 개를 제거해야만 했지요. 나중에 의사가 말하길, 만약 그 자리에서 칼을 빼내려고 했다든지, 몸을 움직였다든지, 재채기라도 한 번 했다면, 죽었을 거랍니다.

하지만 마틴은 침착하게 가만히 있었고, 목숨을 건졌지요. 물론 그 뒤로 한동안 쉬어야만 했어요. 많은 사람들로부터 빨리 완쾌하기를 기원하는 위문편지가 쏟아졌지요. 어떤 백인 소녀는 이렇게 편지를 써 보냈어요.

"아저씨가 재채기를 했더라면 돌아가셨을 거라는 얘기를 들었어요. 아저씨가 재채기를 안 하셔서 저는 정말 기뻐요."

마틴은 이 편지를 잘 간직했답니다.

그를 공격한 사람요? 그녀는 곧바로 체포되었답니다. 정신 이상자였던 그 흑인 여자는 정신 병원으로 보내졌지요.

다시 집에 머무는 동안, 마틴은 민권 운동을 이끌려면 계속 몽고메리에 살 수는 없겠다고 생각했어요. 할 일이 너무나도 많았고, '남부 크리스트교 지도자 회의'의 본부가 애틀랜타에 있었으니까요. 사람들과 헤어지기는 무척 서운했지만, 그는 가족을 이끌고 애틀랜타로 이사했습니다. 그리고 아버지의 교회인 에베니저 침례교회의 부목사가 되었습니다.

1960년, 마틴은 인종 분리 정책에 맞서는 새로운 방식을 찾아냈어요. 흑인 대학생들이 백화점에 있는 간이식당에 들어가서 앉아 있는 거예요. 이것은 금지된 행동이었던 탓에 아무도 손님으로 맞아 주지 않았겠지요. 그래도 무작정 들어가서 앉아 있는 거예요. 다음 날도 또 가고, 그 다음 날도 또 가고. 이 투쟁 방식을 '앉기 농성'이라고 이름 붙였지요. 다른 도시의 대학생들도 따라 해서, 처음으로 앉기 농성을 시작한 지 두 주 만에 열 번, 두 달 뒤에는 모두 쉰 번이나 농성을 했지요.

마틴은 환호했습니다. 하지만 대학생들을 만나서 비폭력을 잊지

앉기 농성을 벌이는 대학생들

말라고 거듭거듭 당부했습니다.

"증오로는 증오를 이길 수 없습니다. 사랑만이 할 수 있습니다."

대학생들은 '대학생 비폭력 조정위원회(SNCC)'라는 대학생 자체 단체를 조직했고, 여러 도시들에서 앉기 농성을 펼쳤습니다.

애틀랜타에서 제일 큰 백화점에서 앉기 농성을 벌일 때는 마틴도 함께했습니다. 그러다가 학생들과 함께 경찰에 체포되어, 감옥에 들어갔지요.

요키와 마티는 그때 다섯 살, 세 살이었는데, 아빠가 감옥에 잡혀갔다는 말을 듣고 울음을 터뜨렸어요. 아빠 때문에 너무나 걱정이 되었지요. 하지만 엄마가 안심시켜 주었어요. 코리는 아이들에게 아빠가 무슨 나쁜 짓을 해서 감옥에 간 게 아니라, 다른 사람들을 돕기 위해 일하다가 그런 거라고 설명해 주었지요.

학생들은 곧바로 풀려났지만, 마틴은 아니었어요. 이유가 뭐였냐고요? 글쎄, 마틴이 얼마 전에 다른 지역에서 유효하지 않은 운전 면허증을 소지했다고 걸린 적이 있었거든요. 그래서 벌금을 물고, 집행 유예 선고(재판에서 형벌을 선고 받았으나 일정 기간 동안 형벌 받는 것을 미루어 주는 일. 그 기간을 사고 없이 넘기면 형의 선고 효력이 없어진다.)를 받았었죠. 즉 일정 기간 동안 어떠한 법이라도 어겨서는 안 되는 상태였던 거예요. 하지만 마틴은 집행 유예 판결에 대해서 전혀 모르고 있었어요. 그 와중에 또 법을 어겼다는 거지요.

그런 이유로 마틴은 법정에 섰고, 인종 차별이 심하기로 악명 높았던 감옥에서 6개월간 강제 노동을 하도록 선고받았답니다. 단지 유효하지 않은 운전 면허증 때문에 이런 중형(아주 무거운 형벌)을 받다니, 도저히 이해하기 힘든 일이지요!

한밤중에 감방에서 누군가 마틴의 잠을 깨웠지요.

"킹! 킹! 일어나라!"

손전등 불빛이 마틴의 얼굴을 비췄어요. 손과 발에 무거운 쇠사슬이 채워진 채 다른 감옥으로 이송되었어요. 그곳에서 중범죄자들과 한 방에 갇혔지요. 마틴의 친구들과 가족들은 걱정이 이만저만이 아니었습니다.

마침 미국은 대통령 선거를 앞둔 때였어요. 민주당 후보는 존 F. 케네디라는 사람이었는데, 코레타에게 전화를 걸어 도와주겠다고 약속했어요. 코레타는 정말 고마웠지요. 케네디는 영향력 있는 사람이니까, 아마 정말 뭔가 해 줄 수 있을 거예요. 변호사였던 그의 동생 로버트가 담당 판사에게 전화해서, 마틴을 항소심 때까지 석방(법에 의하여 구속하였던 사람을 풀어 자유롭게 하는 일)하지 않는 이유가 뭐냐고 따졌지요. 피고가 법정의 판결에 승복하지 않을 경우, 해당 사건을 상급 법원에서 다시 다루게 하는 항소심이라는 제도가 있거든요. 물론 마틴은 법원의 결정에 승복하지 않았지요. 완전히 부당한 판결이라고 생각했으니까요.

판사는 로버트 케네디의 항의를 듣고, 마틴을 일단 석방했습니다.

마틴은 매우 기뻤고, 안도했지요. 그는 케네디 형제가 도와준 데 대해 공식적으로 감사를 표했습니다.

그로부터 며칠 뒤 존 F. 케네디는 미국의 대통령으로 선출되었단다. 공화당 후보보다 겨우 10만 표를 더 얻었으니, 아주 근소한 차이로 아슬아슬하게 이긴 거였지. 그의 당선에는 아마도 흑인 유권자 (선거할 권리를 가진 사람) 들의 표가 큰 영향을 미쳤을 거야.

존 F. 케네디 대통령

로버트 케네디(오른쪽)와 나란히 선 마틴

앉기 농성은 여러 도시에서 성공적으로 이루어졌습니다. 점점 더 많은 백화점에서 간이 식당을 흑인들에게도 개방하게 되었지요. 식당뿐 아니라, 도서관에서도 앉기 농성이 이루어졌고, 수영장에서는 입수 농성, 극장과 공연장에서는 서 있기 농성, 교회에서는 무릎 꿇기 농성, 호텔에서는 눕기 농성 등등이 생겼어요.

1961년 1월 30일, 마틴과 코레타의 셋째 아기가 태어났습니다. 이번에도 사내아이였고, 몽고메리에서 아빠가 목사로 일했던 교회 이름을 따서 덱스터라는 이름을 붙여 주었지요.

패배한 싸움

1961년 말에 마틴은 올버니로 와 달라는 요청을 받게 됩니다. 그곳은 인종 분리가 극심한 지역이었습니다. 그렇지만 올버니에서도 민권 운동이 일어났습니다. 수영장, 도서관, 공중 화장실과 공원 등에 적용되던 인종 분리 정책을 철폐하기 위해 투쟁했지요. 마틴과 '대학생 비폭력 조정위원회'는 올버니에서 시위행진, 앉기 농성 등 여러 가지 저항 운동을 조직했습니다. 하지만 이번만큼은 마틴의 실패로 끝났어요.

시 당국은 공원과 도서관 등을 흑인에게 개방하지 않으려고 아예 문을 닫아 버렸답니다. 경찰청장 로리 프리쳇은 아주 영리한 사람이었지요. 그는 항상 정중하고 예의 바른 태도로 흑인들을 대했어요. 그래서 누구도 프리쳇의 행동에서 흠을 잡아낼 수가 없었지요.

1962년 중반에 들어섰지만, 올버니에서의 활동은 전혀 성과가 없었어요. 시 당국은 민권 운동가들의 요구를 거의 아무것도 수용하지 않았지요.

 하지만 마틴과 친구들은 자신들의 실수로부터 배웠단다. 한 가지에 집중했더라면 좋았을 거라고. 몽고메리에서 버스 안 타기 운동 하나에 매달렸던 것처럼 말이야. 또한 캠페인을 보다 더 잘 계획하고 준비해야 한다는 걸 깨달았지. ✢ 마틴은 이렇게 말했어. "사람은 실수를 할 수밖에 없으나, 그 실수에서 배워야 하며, 또다시 실수를 저지르고, 또 그것으로부터 배워야 합니다."

버밍햄의 승리

그 뒤 민권 운동가들의 저항 활동은 앨라배마 주의 버밍햄에서 이루어졌습니다. 마틴과 친구들이 고심 끝에 고른 도시였지요. 버밍햄은 흑인에 대한 억압이 그야말로 혹독했던 곳이었습니다. 흑인 교회를 노린 폭탄 테러만도 지난 6년간 무려 17번이나 일어났습니다. 그런데도 경찰 조사를 받은 사람은 단 한 사람도 없었답니다.

버밍햄의 경찰청장은 인종 차별 주의자였고, 앨라배마 주지사도 마찬가지였어요. 주지사란 주 정부의 최고 책임자로서, 우리나라로 말하면 도지사에 해당하는 직책이에요.

마틴은 버밍햄에서 경험 많은 민권 운동 투사들과 손을 잡았어요. 당연히 올버니의 실패를 반복하고 싶지 않았지요. 여러 달에 걸쳐 상대를 면밀히 연구하면서, 이들이 어떤 식으로 대응해 나올지 꼼꼼히 따져 보았어요. 전화가 도청되고 있다는 걸 알고 난 뒤에는, 자신들만의 암호를 정해 놓고 계획을 의논했지요.

이번에는 정부를 상대로 요구하는 것이 아니라 인종 분리를 시행하는 상점의 사업주들을 직접 겨냥하기로 했어요. 거기에서라면 흑인들도 힘이 있었지요. 만약 흑인들이 더 이상 그 백화점이나 가게에서 물건을 사지 않는다면, 상점의 수입이 적어질 수밖에 없으니까요.
　마틴과 동료들이 세운 계획은 이랬어요.

✚ 백화점 간이식당에서 앉기 농성
✚ 상점들에 대한 불매 운동, 즉 흑인들은 그곳에서 물건을 사지 않기
✚ 거리 시위
✚ 교회에서의 집회
✚ 비폭력을 훈련하는 교육 프로그램 운영

　1963년 3월 28일, 마틴과 코레타에게 넷째 아기가 태어났어요. 이번엔 공주님이었고, 이름은 버니스, 애칭은 버니라고 붙였지요. 버니가 태어난 지 딱 일주일이 되는 날, 버밍햄 작전이 개시되었습니다. 맨 먼저 백화점 간이식당에서의 앉기 농성. 물론 흑인들은 거기서 손님 대접을 전혀 받지 못했겠지요. 그래서 이제 둘째 단계로 불매 운동이 펼쳐졌지요. 그런 다음 첫 거리 시위가 이루어졌습니다. 시 당국은 거리 시위를 금지했지만, 마틴은 이 금지 명령을 무시했지요. 그는 **성 금요일**(예수가 십자가에 못 박혀 죽은 날을 기념하는 날)에 가난한 흑인 노동자들이 주로 입는 파란 멜빵바지 차림으로, 민권 운동가 및 일반 시민들과 더불어 시내를 행진합니다. 물론 이 날짜를 택한 데에는 특별한 뜻이 담겨 있었어요. 성 금요일은 예수가 십자가에 못 박힌 날이거든요. 거리 시위는 금방 끝났습니다. 고작 여덟 블록을 간 뒤에 시위대 전원이 체포되고 말았으니까요.

마틴은 이번에는 어두컴컴한 독방에 수감되었어요. 변호사를 포함하여 그 누구의 면회도 허용되지 않았어요. 이 감옥에 있는 동안 마틴은 훗날 전 세계에 알려진 유명한 편지를 한 장 썼습니다. 바로 버밍햄의 감옥으로부터의 편지예요. 신문 지면으로 마틴을 비판했던 백인 목사들에게 보낸 편지랍니다.

마틴은 감옥에서 종이를 얻을 수 없었단다. 그래서 신문지 테두리, 종이봉투, 휴지 등에 편지를 썼지. 그는 흑인들이 벌이는 투쟁의 이유에 대해 썼어. 수백 년 동안 그들이 당해 온 부당한 일들에 대해서. 그리고 이제는 이에 맞서, 정의를 요구할 때가 되었다고. 이 편지는 민권 운동에서 무척 중요한 글이 되었단다.

마틴의 친구이자 유명한 가수였던 해리 벨라폰테는 5만 달러가 넘는 기부금을 모금했습니다. 시위대로 잡혀 들어간 사람들의 보석금(법에 의해 갇혀 있는 사람을 풀어 주기 위해 보증을 설 때 내는 돈)을 충당할 수 있는 돈이었지요. 마틴과 다른 투사들은 마침내 다시 석방되었어요.

하지만 이제 어쩌지요? 이제 누가 시위행진을 해야 할까요? 감옥으로 잡혀갈 위험을 무릅쓰고 나설 사람이 있을까요?

흑인들은 대학과 학교를 돌며, 대학생과 청소년들에게 동참을 호소했습니다. 학생들은 열렬히 지지하며, 어린 동생들까지 데리고 시위에 나왔어요. 마틴은 처음엔 불안했어요. 경찰을 상대하는 싸움에 어린아이들까지? 경찰들은 종종 너무나 거칠고 잔인했으니까요. 하지만 어차피 흑인 아이로 버밍햄에서 산다는 것 자체가 위험천만한 일이라는 사실을 마틴 역시 알고 있었지요.

여러분 생각은 어때요? 어린이들도 자유를 위한 투쟁에 나서야 할까요, 그래선 안 될까요?

기막힌 일이 벌어집니다. 놀란 기자들은 이를 '어린이 십자군'이라고 불렀지요. 수천 명의 어린이들이 노래를 부르며 시내를 행진한 겁니다. 매일 수천 명의 어린이들이 경찰에 체포되어 감옥에 갇힙니다. 얼마 안 가서 모든 감옥이 꽉 차 버렸지요. 그러자 경찰은 어린이들을 학교와 체육관 등에 가두었습니다. 한번은 어린이들이 마틴을 찾아왔는데, 행진에 데리고 나가기엔 너무 어린 꼬마들이었지요. 그래서 마틴은 아이들을 공공 도서관으로 보냈습니다. 아이들은 조용히 어린이 책 코너로 행진해 들어가, 자리에 앉아 책을 읽었지요. 완전히 자신들의 힘으로 도서관의 인종 분리를 한 방에 날려 버린 거예요. 정말 용감하죠?

경찰청장은 시위대 아이들을 향해 개를 풀고 물 폭탄을 쏘라고 명령했습니다. 신문 기자들은 어린아이들이 사납게 달려드는 개에게 쫓기고, 세찬 물살에 밀려 길바닥에 쓰러지는 장면을 목격하며 기막혀했어요. 텔레비전과 신문에 쏟아진 이들의 보도는 미국뿐 아니라 전 세계인의 당혹감과 분노를 불러일으켰지요.

반면에 흑인들은, 어린아이들까지도, 이제껏 경험하지 못했던 자부심과 긍지를 느끼게 되었답니다.

결국 미국 대통령이 버밍햄으로 시민권 전문가를 파견했습니다. 그는 사업주들을 설득하여 흑인들의 요구 사항을 수용하게 했어요.

그 결과는 다음과 같았답니다.

✤ 간이식당, 탈의실, 공공 음수대 등에서 인종 분리 폐지
✤ 흑인들에 대한 일자리 확대와 임금 인상
✤ 자유의 투사들을 전원 감옥에서 석방

몽고메리에서 그랬던 것처럼, 백인 인종 차별 주의자들의 보복이 뒤따랐어요. 마틴의 남동생 에이디의 집과 마틴이 묵던 호텔 방에서

폭탄이 터졌지요. 천만다행으로 다친 사람은 없었답니다.

케네디 대통령은 즉시 연설을 했고, 이는 텔레비전을 통해 전국에 중계가 되었어요. 그는 마틴 편에 서서, 흑인의 권리를 옹호했지요. 나아가 새로운 법령을 준비했습니다. 이른바 시민권법이라고 하여, 공공장소와 학교에서 인종 분리를 금지하는 법이었어요.

마틴은 뛸 듯이 기뻤습니다. 여러 도시 중에서도 인종 차별이 가장 극심했던 바로 이곳에서 비폭력 저항이 성공을 거둔 겁니다. 그는 버밍햄의 승리에 대해서 이렇게 말했어요.

"1963년 여름은 혁명이었습니다. 미국의 모습을 바꾸어 놓았기 때문입니다."

그 현장에 누가 함께 있었지요? 바로 어린이들입니다! 대부분 만 여섯 살 남짓의 꼬맹이들이었답니다. 그들은

미국인으로서 자신의 권리를 얻고자 투쟁하는 소년의 모습

권리를 찾기 위해 투쟁하겠다는 자신들의 굳은 의지와 용기를 전 세계 사람들에게 확실하게 보여 주었지요.

자유는 빠르게 확산됩니다. 얼마 안 가서, 식당과 호텔, 공원 등 많은 공공장소들에서 이루어진 앉기 농성과 시위 등을 통해 거의 천여 개의 도시에서 인종 분리가 철폐되었답니다.

좋은 일과 나쁜 일

마틴과 동료들은 반드시 이 승리를 잘 활용해야 했어요. 그래서 수도 워싱턴을 향한 행진을 계획하기에 이릅니다. 케네디 대통령이 발의(의회에 회의 안건을 내놓는 일)한 법령이 의회에서 의결되도록 민권 운동가들이 압력을 행사하자는 의도였어요.

워싱턴의 기념관 앞 광장에 모여든 군중의 모습

법령은 일단 입법을 책임진 의회에 제출된단다. 그러면 이에 관해 논의가 이루어져. 그런 뒤에 가결 여부가 결정되지. 가결이란, 그 법을 시행하기로 결정한다는 뜻이야.

워싱턴 행진은 무척 대담한 계획이었습니다. 과연 사람들이 많이 참여할까? 평화적으로 진행될 수 있을까? 많은 이들이 걱정했지요. 하지만 마틴은 이 행진이 흑인들의 비폭력적 태도를 온 미국에 확실하게 보여 줄 좋은 기회라고 여겼어요.

좋은 일

1963년 8월 28일. 무더운 여름날이에요. 정확히 100년 전 이날, 에이브러햄 링컨이 노예제 철폐를 선언했지요. 미국 전역에서 무려 25만

명에 이르는 사람들이 집을 떠나, 에이브러햄 링컨 기념관으로 행진해 왔습니다. 그야말로 믿기 어려운 일이 일어난 겁니다! 대부분이 흑인들이었지만, 놀랍게도 4분의 1 정도는 백인들이었습니다. 흑인의 권리를 위한 시위에 백인들까지 힘을 모은 것입니다. 많은 사람들이 이마에 등호(=)를 그려 넣은 모습이었답니다.

어느덧 늦은 오후가 되었는데도, 여전히 찌는 듯이 더웠습니다. 사람들은 아침 일찍부터 모여 있었지요. 온종일 여러 연사들의 연설을 듣고, 함께 노래를 불렀습니다. 몸은 무척 피곤했지만 아직 기다리는

사람이 있었습니다.

바로 마틴 루터 킹이었습니다.

그들은 마틴의 연설을 듣기 위해 기다렸습니다. 왜냐하면 마틴 루터 킹은 자유와 존엄을 위한 이 투쟁을 이끄는 최고의 지도자였으니까요.

마틴은 맨 마지막 연사로 나섰습니다. 그리고 여기서 그의 가장 유명한 연설인 '꿈의 연설'을 합니다. 마틴은 이렇게 말했습니다.

"나는 꿈이 있습니다. 네 명의 제 어린 자식들이 언젠가는, 피부색이 아닌 그들의 인격으로 평가받는 그런 나라에 살게 되는 꿈입니다."

마틴은 하느님의 모든 자녀가 백인이건 흑인이건 유대인이건 이슬람 교인이건 기독교인이건 서로서로 손을 맞잡는 날이 오리라고, 모두가 형제자매로 한 식탁에 앉을 날이 오리라고 말했습니다. 그가 연설을 마쳤을 때, 처음엔 쥐 죽은 듯 조용했습니다. 잠시 후 우레와 같은 박수갈채가 터져 나왔지요.

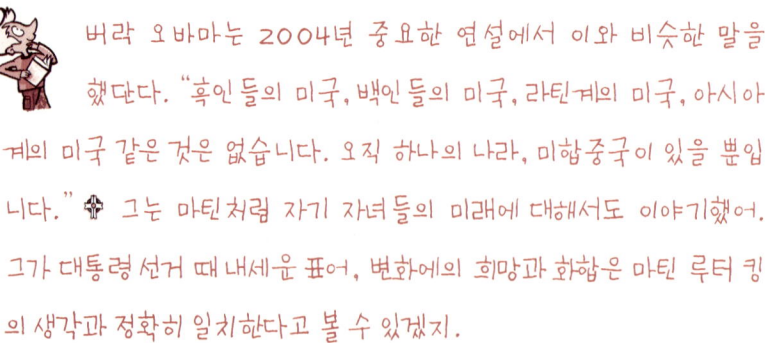

버락 오바마는 2004년 중요한 연설에서 이와 비슷한 말을 했단다. "흑인들의 미국, 백인들의 미국, 라틴계의 미국, 아시아계의 미국 같은 것은 없습니다. 오직 하나의 나라, 미합중국이 있을 뿐입니다." 그는 마틴처럼 자기 자녀들의 미래에 대해서도 이야기했어. 그가 대통령 선거 때 내세운 표어, 변화에의 희망과 화합은 마틴 루터 킹의 생각과 정확히 일치한다고 볼 수 있겠지.

곧이어 마틴 부부는 케네디 대통령의 초대를 받아 백악관에 갔습니다. 대통령은 마틴의 연설에 깊은 감명을 받았다고 했지요. 하지만 조심하라는 말도 해 주었어요. 미국 연방 수사국(FBI) 국장인 에드거 후버가 마틴 때문에 잔뜩 약이 올라 있었지요. 그는 마틴을 위험천만한 선동가로 여겼습니다. 케네디는 마틴에게 주의하라고 충고했어요. 나중에야 드러난 일이지만, 당시 미국 연방 수사국은 마틴과 동료들을 엄청나게 철저히 감시했다고 해요. 마틴의 집과 호텔 방 등에는 마틴의 일거수일투족을 엿듣기 위해 도청기가 설치되었답니다. 미국 연방 수사국은 마틴의 평판에 흠집을 내기 위해 거짓 소문을 퍼뜨리기까지 했지요.

어쨌거나, 워싱턴 행진은 거대한 축제였습니다. 돌이켜 보면 민권 운동이 최고의 경지에 오른 때였다고 말할 수 있어요. 백인들은 텔레비전 중계를 통해 흑인들이 차분하고 질서정연하게 집회를 갖는 모습을 지켜보았어요. 이는 '멍청한 니거'라는 선입견을 바로잡게 했습니다.

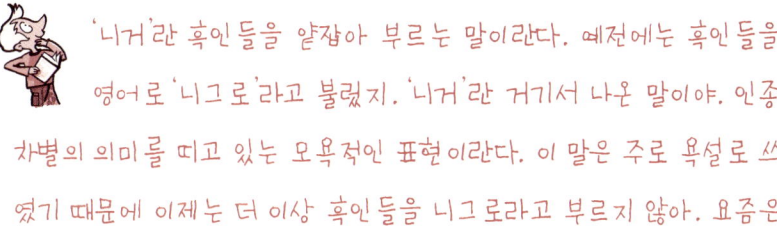

'니거'란 흑인들을 얕잡아 부르는 말이란다. 예전에는 흑인들을 영어로 '니그로'라고 불렀지. '니거'란 거기서 나온 말이야. 인종 차별의 의미를 띠고 있는 모욕적인 표현이란다. 이 말은 주로 욕설로 쓰였기 때문에 이제는 더 이상 흑인들을 니그로라고 부르지 않아. 요즘은 흑인, 유색인, 또는 아프리카 출신의 미국인이라는 뜻으로 '아프로아메리칸' 등으로 부른단다.

나쁜 일

그로부터 석 달도 지나지 않아, 끔찍한 테러가 일어나 미국 전역을 충격에 빠뜨렸습니다. 대통령 존 F. 케네디가 댈러스에서 괴한의 총격을 받아 세상을 떠난 것입니다. 아직 한창 젊은 나이였지요. 많은 미국인들로 하여금 더 나은 미래를 꿈꾸게 했던 대통령이었는데 말이에요.

마틴은 이 끔찍한 암살 소식을 듣고 한동안 말을 잃었습니다. 나중에 아내에게 말했지요.

"나도 똑같은 일을 당할 거야."

마틴의 예감은 결국 적중했지요. 하지만 그것이 그를 멈추게 하지는 못했어요. 마틴은 굽히지 않고 투쟁을 계속해 나갔습니다.

좋은 일

1964년에 마틴은 노벨 평화상을 받습니다. 노벨상은 세계에서 가장 큰 상 중 하나로 꼽히지요. 서른다섯 살의 마틴은 노벨 평화상 역사상 최연소 수상자였어요. 이 상은 흑인 민권 운동에 무척 큰 의미가 있었습니다. 흑인들의 투쟁을 전 세계가 주목하고 인정하고 있음을 보여 주었으니까요.

상금도 있었기 때문에, 마틴은 이를 여러 민권 운동 단체들과 나누었어요. 왜냐하면 이 상은 자기 한 사람이 아니라, 민권 운동에 나서서

고난과 영광의 시절 95

노벨 평화상 메달을 들고 있는 마틴

과거부터 지금까지 투쟁한 모든 흑인들에게 주는 상이라고 생각했기 때문이에요.

이 상은 마틴에게 있어서 단지 명예에 그치지 않고, 앞으로 더 열심히 평화를 위해 힘써야 한다는 책임을 뜻하기도 했습니다.

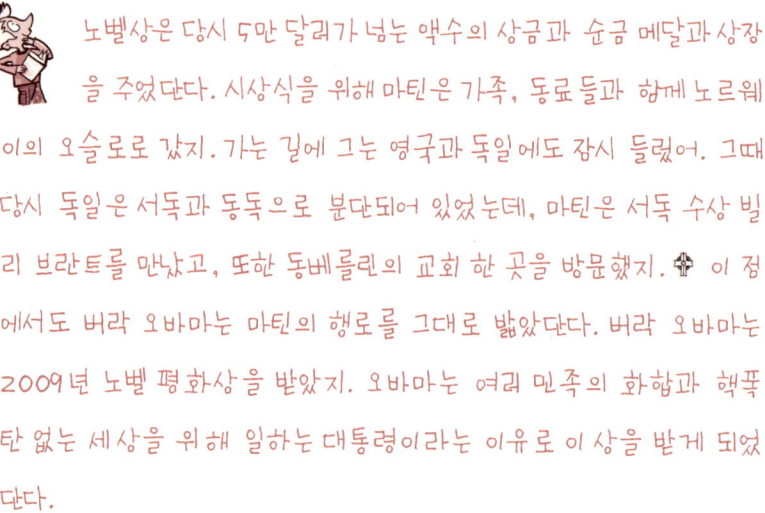
노벨상은 당시 5만 달러가 넘는 액수의 상금과 순금 메달과 상장을 주었단다. 시상식을 위해 마틴은 가족, 동료들과 함께 노르웨이의 오슬로 갔지. 가는 길에 그는 영국과 독일에도 잠시 들렀어. 그때 당시 독일은 서독과 동독으로 분단되어 있었는데, 마틴은 서독 수상 빌리 브란트를 만났고, 또한 동베를린의 교회 한 곳을 방문했지. ✝ 이 점에서도 버락 오바마는 마틴의 행로를 그대로 밟았단다. 버락 오바마는 2009년 노벨 평화상을 받았지. 오바마는 여러 민족의 화합과 핵폭탄 없는 세상을 위해 일하는 대통령이라는 이유로 이 상을 받게 되었단다.

나쁜 일

마틴의 네 자녀들로서는 이렇게 유명한 아버지를 둔 게 항상 좋지만은 않았어요. 왜냐고요?

1. 마틴은 너무 자주 집을 비웠어요. 아이들은 늘 아빠를 그리워했죠. 왜냐하면 마틴이 아이들과 뒹굴며 잘 놀아 주는 참 좋은 아

빠졌기 때문이에요.
2. 아이들은 아빠가 늘 걱정이었어요. 왜냐하면 늘 위협과 공격을 받았고, 종종 감옥에 잡혀 들어가기도 했으니까요.
3. 다른 아이들이 자꾸 아빠에 대해 물었어요. 하도 그러다 보니 나중엔 짜증이 났지요.
4. 백인 아이들이 괴롭힐 때가 많았어요.
5. 유명한 아버지를 둔 아이라고 하면 사람들이 뭔가 더 큰 기대를 하기 마련이죠. 스스로도 자신은 아주 특별한 사람이 되어야 한다고 생각하게 돼요. 만약 그러지 못하면, 주변 사람들은 실망하고, 또 실망감을 그대로 표현하는 게 문제예요.

좋은 일

하지만 그런 아쉬운 점들을 덮어 줄 만한 좋은 점이 있었지요. 아빠가 자신들의 자유, 긍지, 권리를 위해 싸운다는 느낌이에요.

이건 뭘 뜻할까요?

예를 들어, 흑인인 자기들도 백인 아이들처럼 어디든지 갈 수 있다는 뜻이에요. 요키가 다섯 살쯤 되었을 때, 새로 생긴 근사한 놀이 공원 '펀 타운'을 선전하는 광고를 텔레비전에서 봤어요. 요키는 완전히 마음을 빼앗겼죠. 꼭 한번 가 보고 싶었어요. 하지만 그 놀이 공원은 흑인에겐 입장 금지였지요. 요키는 너무너무 슬퍼했지요. 그러자 엄마인 코레타가 달래 주었어요. 언젠가 네가 펀 타운에 갈 수 있게 만들려고

린든 B. 존슨 대통령과 대화를 나누는 마틴

아빠가 지금 싸우고 있는 거라고요. 그리고 정말로, 킹 가족 모두가 놀이 공원에 가게 된 날이 왔지요. 마틴은 그곳에서 아이들과 함께 아주 신나게 놀았답니다.

좋은 일

케네디 대통령이 계획했던 시민법이 후임자인 린든 B. 존슨의 서명과 함께 법령으로 발효되었습니다. 존슨은 그 법안에 서명했던 만년필을 마틴에게 선물했지요.

나쁜 일

미시피에서 민권 운동가 세 명이 백인 인종 차별 주의자들에게 살해되는 사건이 일어났습니다. 희생자는 백인 두 명과 흑인 한 명으로, 미시피에 사는 흑인들의 선거인 명부(선거할 권리를 가진 사람들의 이름, 주소 등을 적어 놓은 장부) 등록을 돕던 중이었죠.

원래는 남북 전쟁이 끝난 뒤로 흑인들도 선거할 수 있게 되었지. 헌법에 흑인들에게 선거권과 시민권, 즉 자유와 평등을 보장하는 두 항목의 추가 조항이 별도로 붙기까지 했어. 하지만 남부 주들에서는 또 다른 규정들이 널리 퍼져 있었단다. ✤ 사정은 이랬어. 미국에서 투표를 하려면 등록을 마쳐야만 해. 즉 자기 이름, 주소, 생년월일 등을 선거인 명부에 올려야 한다는 뜻이지. 그렇지만 백인들은 흑인들이 투표하는 걸 원치 않았기 때문에, 실제로 등록하는 흑인들은 극소수에 불과했어. 백인들은 오랜 세월에 걸쳐 온갖 교묘한 술책을 짜내 방해했단다. ✤ 1. 투표세. 투표를 하려면 세금을 내야 했단다. 또한 이 세금도, 생애 최초로 선거 가능한 나이로부터 소급하여 매년의 세금을 전부 합산해서 내야 했지. 대부분의 흑인들한테는 감당하기 어려운 금액이었어. ✤ 2. 대다수 지역에서 일명 조부 조항이라는 게 있었어. 할아버지가 투표권을 가진 사람이어야만 너도 투표할 수 있다는 뜻이야. 만약 네 할아버지가 노예였다면, 너 역시 투표를 할 수 없다는 얘기지. ✤ 3. 또 어떤 지역에서는 사전에 까다로운 읽기와 쓰기 시험을 통과해야만 등록할 수 있게 했단다. 물론 백인들이야 이런 시험을 볼 필요가 없었지. ✚ 4. 등록 사무소를 하루에 딱 몇 시간만 열거나, 주중에 지정된 며칠간만 열었어. 사무실 직원들은 일부러 아주 늑장을 부리며 일했지. 그래서 흑인들은 등록을 하려면 사무소 앞에서 몇 시간씩 기다려야만 했어. 끝없이 긴 줄이 늘어섰지. 그렇게 기다리고 서 있다 보면, 지나가는 백인들한테 욕을 먹거나 얻어맞는 것이 예삿일이었단다.

4. 더 높이 날다

싸워서 얻은 투표권

이런 이유들을 감안하여 마틴과 동료들은 '1965년의 목표는 투표권, 그리고 투쟁지는 앨라배마 주 셀마'로 정했습니다.

셀마와 인근 지역에는 백인보다 흑인이 더 많이 살았지만, 5,000명의 흑인들 중에서 투표권을 가진 흑인은 350명도 되지 않았습니다. 유권자 백 명 중 흑인은 고작 한 명꼴이었던 거지요.

흑인 유권자들이 흑인들을 시의회나 보안관으로 선출할 수만 있다면, 흑인들이 처한 상황이 조금은 나아질 수 있겠지요. 그래서 마틴과 동료들은 이제 셀마의 민권 운동가들과 함께 거리 시위에 나섰습니다. 그렇지만 셀

시위대가 지나가는 에드먼드 피터스 다리를 하늘에서 내려다본 모습

마에서 흑인들의 거리 행진은 금지되어 있었습니다. 결국 그들은 또다시 체포되어, 감옥에 들어갑니다. 물론 마틴도 마찬가지였지요.

경찰은 그 뒤로도 계속해서 흑인들에게 폭력을 휘둘렀습니다. 민권 운동가들은 경찰의 폭력에 저항하는 뜻으로, 셀마에서 몽고메리까지 장거리 시위행진을 계획합니다.

사건이 벌어졌을 때, 마틴은 애틀랜타에 있었습니다. 에드먼드 피터스 다리 위에서는 짐 클라크 보안관 일당이 시위대를 기다리고 있었지요. 그다음에 벌어진 일은 '피의 일요일'이라는 제목으로 모든 신문과 언론에 보도되었어요. 예순 명도 넘는 흑인이 다쳤습니다. 대다수가 중상이었어요. 마틴은 이 소식을 듣고 소스라치게 놀랐습니다. 모든 게 자기 잘못이라며, 행진에 함께하지 않은 것을 몹시 후회했어요.

셀마의 흑인들을 돕기 위해, 마틴은 미국 전역의 종교계에 지원을 호소했어요. 성직자들, 수녀님들, 유대교 랍비(유대교의 율법학자)들의 지지 시위가 이어졌습니다. 많은 이들이 현지에서 직접 돕기 위해 셀마로 향했지요. 흑인들은 다시 용기를 얻었어요.

딱 이틀 만에 마틴은 새로이 행진을 조직했는데, 이번에는 그가 직접 지휘를 맡았어요. 이날의 행진은 훗날 '화요일의 회군'으로 불리게 됩니다. 왜냐하면 이번에도 시위대가 다리 위에서 저지당했는데, 모두 그 자리에서 무릎을 꿇고 앉아 기도를 드린 후에 마틴의 지시에 따라 되돌아왔기 때문이에요.

개중에는 되돌아오는 것을 찬성하지 않은 사람들도 있었어요. 특히 대학생들의 불만이 컸지요. 이들은 마틴이 겁쟁이 짓을 했다며 비난했어요. 하지만 다른 이들은 이번이야말로 마틴이 대단히 용감하면서도 영리한 행동을 했다는 걸 알아차렸지요. 그는 행진을 함으로써 앨라배마 주의 법을 어겼고, 하지만 되돌아옴으로써 워싱턴 정부의 법을 지킨 셈이니까요.

이렇게 해서 그는,
1. 폭력 사태를 막았고,
2. 조금도 흐트러지지 않은 질서 있는 모습을 보여 주었으며,
3. 평화로운 태도를 지키는 흑인들의 능력을 온 세상에 보여 주었습니다.

그리고 실제로, 이로부터 며칠 뒤에 존슨 대통령의 국회 연설이 있었습니다. 그는 셀마 시 당국의 폭력 진압을 강하게 비판하며, 미국인이라면 누구나 투표할 수 있는 권리를 가져야한다고 밝혔어요. 그러면서 대통령은 새로운 선거권법을 국회에 발의했답니다.

마틴은 이러한 성공에 기뻐했어요. 하지만 의회가 법안을 결의하

도록 압력을 행사할 필요가 있었지요. 그래서 그는 셀마-몽고메리 행진을 다시 추진합니다.

처음에 행진을 시작한 사람은 약 5,000명이었습니다. 고속도로를 걷기도 하고, 비를 맞으면서도 행진했지요. 밤이 되면 텐트를 치고 잠을 자고, 아침이면 다시 행진을 계속해 나갔어요. 마지막으로 몽고메리에서 행진을 마칠 때에는 참여 인원이 2만 5,000명으로 불어났지요.

이렇게 마틴은 그의 모든 것이 시작되었던 도시 몽고메리로 돌아왔지. 어언 10년 전의 일이었어. 그때만 해도 마틴은 지금과는 전혀 다른 사람이었지. 흑인들의 권리를 위한 투쟁을 해 나가면서 마틴은 점점 더 강해졌단다. 이제 아무것도 두렵지 않았어. 마틴은 자신이 원하는 것을 정확히 알았고, 옳다고 생각되면 주저 없이 행동에 나섰단다.

1965년 8월 6일, 새로운 선거권법이 발효되었습니다. 남부 지역의 백인 인종 차별 주의자들이 흑인들의 투표를 방해하기 위해 썼던 온갖 술책들이 즉각 금지되었지요. 1966년, 남부의 여러 주들에서 최초의 흑인 보안관이 선출되었답니다.

민권 운동이 시민권법과 선거권법이라는 이 두 가지 새로운 법령을 통해 이루어 낸 성공은 다음의 두 가지를 의미했습니다.

1. 이로써 남부에 널리 퍼져 있던 최악의 인종 차별 정책은 철폐되었습니다.
2. 흑인들은 비로소 긍지와 자부심을 경험하게 되었습니다. 그들은 이제 더 이상 스스로를 하류 인생으로 느끼지 않게 되었습니다.

만약에 이 법령이 없었다면, 오늘날 버락 오바마가 미국 대통령으로 선출되기 어려웠겠지. 그 전의 선거에서도, 지미 카터나 빌 클린턴 역시 흑인 들 표가 없었더라면 아마 대통령이 되지 못했을 거야.

불처럼 번지는 투쟁

사실 마틴은 이쯤에서 만족했을 수도 있었을 거예요. 많은 이들과 힘을 합쳐 목표했던 것을 이루었으니까요. 민권 운동이란 그야말로 흑인들의 시민권을 얻어 내기 위한 투쟁이었잖아요.

하지만 마틴은 성공을 기뻐하며 편히 쉴 수가 없었어요. 꽤 오래 전부터 미국 북부에서 인종 소요가 일어났다는 소식이 들려왔기 때문이에요.

인종 소요란, 특정 인종에 속하는 집단이 갑자기 폭력 사태를 일으키는 걸 일컫는 말이란다. 대개 이런 일에는 불만의 원인이 있기 마련인데, 예를 들어 부당하게 취급받고 있다는 불만도 그 이유가 될 수 있지. 사람들이 떼를 지어 몰려다니며, 분노를 발산하는 거야. 유리창을 깨고, 자동차를 불태우고, 상점을 약탈하고, 돌을 던지지. 그러다 보니 이들을 진정시키려는 경찰과 충돌을 빚겠지. 이런 식의 소요가 1964년에서 1965년까지 이 년간, 뉴욕과 시카고, 그리고 로스앤젤레스에 속한 지역인 와츠 등지의 흑인 거주 지역 할렘에서 계속되었단다.

마틴은 상황을 직접 파악하려고 와츠로 향합니다. 인종 분리가 거의 없는 북부에서마저도, 대부분의 지역에서 흑인들의 상황이 아주 열악하다는 사실을 알게 됩니다. 흑인들은 대부분 흑인 게토에서 살았어요.

 게토란 특정 집단의 사람들끼리 모여서 살아가는 격리된 주거 지역을 말해. 그곳의 집과 거리는 대개 형편없단다. 네가 만약 흑인 게토에 산다면, 분명 부모님이 아주 가난한 거야. 부모님이 돈이 없으니까, 너는 좋은 학교에 다니지 못해. 그러니까 좋은 학교 교육을 받지 못하고, 커서도 벌이가 좋은 직장을 얻지 못하겠지. 어쩌면 아예 직업을 구하지 못할 수도 있어. 네 부모님은 힘든 일을 하면서도 돈벌이는 시원치 않거나, 아예 그런 일거리조차 얻지 못할 거야. 네가 사는 집은 비좁고 허름하며, 겨울에는 너무 춥고 여름에는 너무 더울 거야. 동네에 놀이터라고는 찾아볼 수 없을 테고.

마틴은 이를 개선하기 위한 행동에 나서기로 마음먹습니다. 1966년 1월, 마틴은 아내와 아이들을 데리고 시카고로 이사를 갑니다. 그것도 론데일이라는 끔찍하게 심각한 빈민촌 흑인 게토 한복판으로요. 이사한 집은 곧 허물어질 듯 낡았고 현관문은 제대로 닫히지도 않았습니다. 복도에는 희미한 백열전구 하나가 달랑 매달려 있었지요. 집에 딸린 냉장고는 고장 났고, 냉난방기도 마찬가지였어요. 쓰레기차가 하도 안 와서, 길거리는 온통 쓰레기 천지였지요. 나무나 공원은 아예 없었어요. 놀이터도 없고요. 있는 것이라곤 쥐들과 쓰레기와 지독한 가난뿐이었지요. 마틴은 이런 환경에서 몇 달을 지내고 나자 어린 네 아이들이 달라졌다는 걸 느꼈어요. 쉽게 화를 내고, 서로 싸우는 일도 잦았지요.

그럼에도 불구하고 마틴의 방 세 개짜리 주택의 임대료(물건이나 건물을 빌려 준 대가로 받는 돈)는 더 좋은 동네에서 더 큰 집에 사는 백인이 내는 집세

보다도 비쌌습니다. 생필품 가격도 백인 동네보다 비쌌어요. 하지만 흑인들은 대개 차도 없고, 버스 탈 돈도 없으니, 어쩔 수 없이 동네에서 장을 봐야 했지요. 주택과 상점 주인들은 당연히 백인이고요. 흑인들은 이렇게 여러 모로 착취를 당하고 있었어요.

 물론 교육 수준이 높고 돈을 잘 버는 흑인들도 많았어. 하지만 그런 사람들이라 해도 좋은 동네로 이사 가는 게 쉽진 않았단다. 부동산 중개업자는 이들에게 백인 동네의 집은 아예 보여 주지도 않았어. 혹 용케 그곳에 이사를 들어갔다 해도, 대다수의 백인 이웃들이 이들을 몰아내려고 갖은 수를 쓰며 괴롭혔단다.

　마틴이 시카고에서 한창 새로운 투쟁을 준비하고 있는 와중에, 나쁜 소식이 전해집니다. 미시시피에서 민권 운동가 제임스 메러디스가 일인 시위행진 중에 총격을 당했다는 것입니다. 마틴은 메러디스를 보러 멤피스로 날아갔어요. 병원에서 그는 다른 민권 운동 지도자들을 만났습니다. 그들과 의논한 끝에, 메러디스의 1인 시위행진을 대신 끝마쳐 주기로 결정했지요. 그럼으로써, 그 어떤 훼방도 흑인들을 막을 수 없다는 사실을 분명히 보여 주고자 했습니다.

　그런데 이 시위행진을 하는 동안, 여러 민권 운동 단체들 간에 심각한 대립이 생겼습니다. 특히 대학생들 집단은 더 이상 비폭력을 지지하지 않았어요. 그들은 백인들을 적으로 여겼지요. 시위행진을 하는 내내 자신들의 힘과 세력을 과시하려고, '블랙 파워' 즉 '흑인의 힘'이라는 구호를 외쳤지요. 심지어 총기로 무장한 사람도 있었어요.

　마틴의 뜻은 완전히 달랐어요. 그는 늘 흑인과 백인, 부자와 가난

미시시피 시위행진 때, 여러 민권 운동 지도자들과 함께한 마틴

한 사람 등 모든 사람들이 다 함께 어우러져야 한다고 강조했지요. 마틴의 목표는 화합과 일치였습니다.

그런데 정작 흑인 민권 운동이 일치성을 상실한 겁니다. 그리고 이 때문에 그들의 힘이 약해졌어요. 자기들끼리 서로 싸우고 각자 다른 것을 원할 때보다, 다 함께 힘을 합쳐 같은 것을 바라며 투쟁할 때 당연히 더 큰 성취를 이룰 수 있겠지요.

맬컴 엑스

 흑인 지도자 중 굉장히 유명한 또 한 사람은 마틴과 생각이 전혀 달랐단다. 바로 맬컴 엑스라는 사람이었지. 맬컴은 이슬람교로 개종한 인물이었어. 그는 어린 시절에 엄청난 불의와 폭력을 경험했단다. 오랫동안 감옥살이도 했지. 이제 흑인들의 지도자가 된 그는 블랙 파워, 즉 흑인의 힘을 일깨웠단다. 그는 백인들과 손잡고 일할 생각이 없었어. 오히려 인종 분리에 찬성하는 입장이었지. 맬컴 엑스는 추종자(믿고 따르는 사람)들도 많았지만, 적도 많았어. 그는 1965년 2월 21일, 총탄에 피살되었단다.

마틴은 다시 시카고로 돌아왔지만, 그곳에서도 엄청난 골칫거리들이 기다리고 있었지요.
1. 북부의 흑인들은 남부하고는 또 달랐어요. 시카고에는 거리의 무법자(법을 무시하고 함부로 행동하는 사람)들이 많았는데, 이 험악한 젊은이들은 비폭력을 남자답지 못한 연약함의 표현이라고 여겼습니다.
2. 시카고 전체를 통제하는 막강한 힘을 가진 리처드 데일리 시장은, 아주 교묘해서 상대하기가 어려웠습니다.

여러분 생각은 어때요? 마틴이 포기했을까요? 아니요! 물론 아닙니다. 그는 비행 청소년들과 친해졌고, 서서히 게토 주민들의 신뢰를 얻었습니다. 오랜 대화를 통해 사람들에게 자신의 비폭력 이념을 알렸습니다.

마틴의 목표는 일단 흑인들의 열악한 주거 환경부터 개선하는 것이었습니다. 집주인들이 집을 수리해 주도록 해야 합니다. 비싼 집세도 정상화되어야 합니다. 나아가 흑인들이 백인 동네에 살 수도 있어야 합니다. 마틴은 사람들과 무리를 지어 시청으로 행진합니다. 하지만 데일리 시장은 그들의 요구를 무시했습니다.

마틴은 백인들이 간단히 묵과할 수 없는 어떤 일을 감행하기로 마음먹었습니다. 그리하여 계속해서 행진을 이끌며 백인들의 주거 지역을 통과했습니다. 행진에 참여한 사람들은 백인 인종 차별 주의자들로부터 위협과 공격을 당했지요. 마틴은 머리에 돌을 맞기도 합니다.

하지만 그는 여전히 포기하지 않았어요. 정반대였지요. 그동안 워낙 많은 일을 겪었기 때문에, 이제 더 이상 두려움을 모르는 사람이 되었답니다. 이제 그는 사람들을 이끌고 시서로라는 백인 동네로 행진하기로 했어요. 그곳은 흑인이라면 감히 눈길조차 줄 수 없는 곳이었지요.

너무나도 위험천만한 계획이었습니다. 보안관이 그야말로 자살 행위라고 말했을 정도예요! 시장이 그 이야기를 듣고는, 폭력 사태를 피하기 위해 결국 한발 양보했어요. 보안관은 마틴이 슬럼가의 집주인, 관리인 등과 만날 수 있도록 자리를 마련했어요. 흑인들의 요구 사항 대부분이 받아들여졌지요.

겉보기엔 민권 운동 쪽의 완벽한 승리 같았지요. 하지만 알고 보니 유감스럽게도 빛 좋은 개살구(겉만 그럴 듯하고 실속이 없는 것)였어요. 왜냐하면 데일리 시장과 책임자들이 실제로는 이 합의 사항들을 전혀 이행하지 않았기 때문이에요. 1967년 봄, 마틴은 약속받았던 집 수리가 전혀 이뤄지지 않았음을 알게 됩니다. 그 외의 다른 사항도 마찬가지였지요.

괜찮아요, 마지막으로 '장바구니 작전'이 남아 있으니까요. 이 작전은 이렇게 전개되었어요. 흑인 목사들이 흑인 주거 지역의 상점을 다니면서 백인 상점 주인들과 이야기를 나누는 겁니다. 앞으로 이 상점에 흑인 종업원을 고용해야만, 흑인들이 계속 물건을 사러 올 거라고 설명하지요. 만약 상점 주인이 이 제안을 받아들이지 않으면, 불매 운동을 펼쳤어요. 흑인 주거 지역의 상점들에 우유나 주스를 대는 공장에도 똑같이 했습니다. 이것은 효과가 있었습니다. 이렇게 해서 시카고에서 흑인 800명이 일자리를 얻게 됩니다.

침묵은 곧 배반

마틴은 시카고 작전을 마치고 다시 애틀랜타로 돌아갑니다.

이제 앞으로 어떻게 해 나가야 할까요?

마틴은 이 문제에 관해 책을 한 권 썼습니다. 그는 이 책에서 흑인들이 다 함께 힘을 합쳐 투쟁해야 한다는 점을 이해시키려고 애썼습니다. 또 백인들로부터의 분리와 폭력 사용을 주장하는 '블랙 파워' 지지자들이 잘못된 길로 가고 있다고 단언했습니다.

그런데 그러는 사이, 마틴이 이전부터 고민하던 또 다른 중대 사안이 불거지고 있었습니다. 이제까지는 워낙에 다른 급한 일이 많다 보니, 이 문제에 대해서는 거의 건드리지 못했지요. 하지만 이제는 더 이상 침묵하고 있을 수 없었습니다.

그건 바로 베트남 전쟁 문제였어요.

당연히 마틴은 반대 입장이었지요.

베트남 전쟁은 매우 복잡한 문제야. 아주 간략하게 얘기하자면 이렇단다. 1960년대 당시 베트남 북부와 남부 사이에 전쟁이 벌어졌어. 북베트남은 러시아와 중국으로부터, 남베트남은 미국으로부터 지원을 받게 되지. 미국과 러시아는 이른바 강대국, 즉 군사, 정치, 경제적으

로 강력한 힘을 갖고 있는 나라야. 양쪽은 서로 최강대국이 되려고 했지. 두 나라가 가진 핵무기는 지구를 날려 버리고도 남을 만큼 엄청난 양이었어. 그래서 그들은 직접적으로 전쟁을 벌이는 대신, 이른바 냉전이라는 걸 하고 있었지. 냉전이란 서로 적대시하며, 대화조차 전혀 나누지 않는 걸 말해. 두 나라는 남북 베트남에 각각 무기를 조달하고 물자와 군사를 지원함으로써, 서로 상대를 이기고 세계 초강대국이 되려고 했단다.

1967년 4월 4일, 죽음을 맞기 정확히 일 년 전, 마틴은 베트남 전쟁에 대해 처음으로 공식적으로 거론합니다. 뉴욕의 리버사이드 교회에서 연설을 할 때였지요. 마틴은 베트남 전쟁을 한마디로 미친 짓이라고 표현했습니다. 그는 이렇게 말했어요.

"침묵이 곧 배반을 의미하는 때가 있습니다. 우리는 베트남 문제와 더불어 바로 그러한 때를 맞고 있습니다."

마틴은 미국 국내의 빈곤과 불의에 맞서 싸우는 대신, 그 엄청난 돈을 먼 이국의 전쟁에 쏟아 붓는 것은 정신 나간 짓이라고 생각했습니다. 그래서 젊은이들에게 전쟁에 나가지 말라고 호소했지요.

마틴은 자신을 비난하는 신문 기사를 읽으며 눈물이 났어요. 그렇지만 한 가지 사실은 너무나 분명했어요. 베트남 전쟁에 대해 그대로 침묵하고 있을 수는 없다는 것이지요.

거리에서 반전 시위를 하고 있는 마틴

왜냐고요?

1. 그는 목사, 즉 하느님의 종이니까요.
2. 그는 일평생 비폭력을 외치며 투쟁한 사람이었으니까요.
3. 그는 노벨 평화상 수상자였지요. 이 상을 받은 사람으로서, 평화를 위해 헌신할 책임이 있다고 느꼈어요.

그 뒤로 마틴은 기회 있을 때마다 전쟁에 반대하는 발언을 합니다. 다행히도 마틴과 같은 생각을 하며, 새로운 길에 들어선 마틴을 계속해서 돕는 사람들이 아주 많았어요.

전쟁에 찬성하는가, 반대하는가를 둘러싼 대립은 이제 더 이상 인종 문제가 아니었습니다. 그리하여 마틴에게 수많은 백인 추종자들이 생겼고, 흑인뿐만 아니라 백인들도 그의 연설을 들었으며, 흑인과 백인 모두가 그와 함께 시위에 나섰습니다.

많은 미국인들이 전쟁에 반대했습니다. 베트남 전쟁이 온 나라를 반으로 갈라놓았지요. 4월 15일, 마틴은 뉴욕에서 대규모 평화 행진에 참여합니다. 무려 25만 명의 미국인들이 그와 함께했지요.

또다시 새로운 길

1967년 여름, 또다시 인종 폭동이 수차례 전국을 휩쓸었습니다. 흑인들은 경찰과 전쟁을 벌이고, 자동차와 상점에 불을 지르고, 닥치는 대로 약탈하고 파괴했습니다. 기회 있을 때마다 많은 사람들과 충분히 이야기를 나눠 온 마틴은 폭력 사태가 일어나는 이유를 잘 알고 있었습니다. 그것은 결국 빈곤과 절망 때문이었습니다. 하지만 정부는 이에 대해 아무 조처도 취하지 않았지요.

마틴이 할 일이 과연 뭐가 있을까요?
어떻게 그 사람들을 도울 수 있을까요?

마틴은 새로운 계획을 세웁니다. 바로 가난한 사람들의 운동이지요. 먼저 미국 전역의 가난한 사람들, 즉 백인, 흑인, 인디언, 라틴계 3,000명을 워싱턴으로 모이게 합니다. 그런 다음에는 3,000명이 정부 청사 앞에 거대한 천막촌을 짓고 지내면서 가난한 사람들이 처한 상황에 주목하게 만들자는 겁니다. 이 일을 통해 마틴의 정치적 투쟁은 새로운 단계로 올라섰지요.
처음에는 흑인들의 권리를 위한 투쟁으로 시작했지만,

그다음은 전쟁 반대,
이제는 빈곤 퇴치였어요.

다른 민권 운동 지도자들도 마틴의 아이디어에 동의했습니다. 하지만 너무나도 대담한 계획이어서, 엄청난 준비가 필요했지요. 마틴은 쉬지 않고 일했습니다. 마치 이제 남은 시간이 많지 않다는 걸 예감이라도 한 듯이요. 실제로 마틴은 자신이 죽을 가능성에 대해 여러 차례 말했습니다. 두려움은 없었어요. 다만 자신이 없더라도 다른 사람들이 이 일을 계속할 수 있도록 준비를 시키고 싶었지요.

그러던 중 남부 테네시 주의 멤피스에서 다급한 요청이 들어왔습니다. 멤피스의 흑인 환경미화원들은 같은 일을 하는 백인들보다 처우가 나빴습니다. 그래서 그들은 노조(노동조합. 노동 조건을 개선하고 노동자의 사회적, 경제적 지위를 높이기 위해 노동자가 조직한 단체)를 결성하고, 임금 인상을 요구했지요. 하지만 시장은 그들의 노조 자체를 인정하지 않았어요. 이런 상황에서 마틴에게 도움을 요청하게 된 것입니다. 여러분은 어떻게 생각해요? 마틴이 달려가 줄까요?

네, 당연히 마틴은 곤경에 처한 흑인 환경 미화원들을 내버려 두지 않았어요. 대규모 시위행진을 계획했고, 마틴이 직접 이끌기로 했지요. 그런데 그때 어떤 일이 일어났을까요? 행렬 맨 뒤쪽에서 '블랙 파워'를 추종하는 흑인 청년들이 무장 경찰과 충돌을 빚었습니다. 마틴은 당황했지요. 급히 실행 위원들에게 소리쳐서 시위대를 즉각 해산시키게 했지요. 그럼에도 불구하고 결국 수십 명이 다치고 사망자 한 명이 나왔습니다. 겨우 열여섯 살밖에 안 된 소년이었지요. 마틴은 크게 낙심했어요. 밤새도록 잠을 이루지 못했지요. 총격으로 숨진 소년이 자꾸만 생각났어요. 하지만 다음날 아침 마틴은 새로운 시위행진을 계획합니다. 1968년 4월 8일. 하지만 이번은 기필코 평화로운 행사가 되어야만 했지요.

마틴은 폭력 사태의 발발에 대해 공식적인 입장을 밝히면서, 이에 대한 책임을 인정했습니다. 비폭력을 간절히 호소했고, 다시금 사람들의 마음에 큰 감동을 불러일으켰지요. 그런 뒤에야 비행기를 타고 애틀랜타로 돌아갔습니다. 그리고 4월 3일, 다시 멤피스로 왔지요. 마틴은 저녁에 어느 교회에서 연설을 하기로 했습니다. 그의 연설을 듣기 위해, 이천 명이 모였지요.

그것이 마틴의 마지막 연설이 되었습니다.

마틴은 청중들에게, 자신이 타고 온 비행기가 폭파 위협을 받는 바람에 정밀 탐색을 받고 나서야 출발했다는 이야기를 들려주었습니다. 그러면서 이어진 말은 마치 앞일을 훤히 내다본 듯했지요. 마틴은 이렇게 말했습니다.

"누구나 다 그렇듯이, 저 역시 당연히 오래 살고 싶습니다. 하지만 저는 이제 그런 생각을 하지 않습니다. 다만 하느님의 뜻이 이루어지기를 원합니다. 우리는 하느님의 백성으로서 약속의 땅에 들어갈 것입니다. 오늘 저녁 저는 행복합니다. 아무 걱정도 없습니다. 누구도 두렵지 않습니다. 제 두 눈은 이 땅에 임한 하느님 나라의 영광을 이미 보았습니다."

생각해 보세요, 마틴이 이 말을 한 건 총탄에 쓰러지기 바로 전날이었답니다. 정말로 기이한 일이지요? 마치 이제 세상을 떠날 때가 되었다는 걸 정확히 예감이라도 한 사람 같으니 말이에요.

다음 날인 1968년 4월 4일, 마틴은 동료들과 함께 있었습니다. 시위행진을 위한 마지막 준비 모임을 가졌지요. 마틴은 지난 몇 주에 비해 훨씬 더 즐겁고 마음이 가벼워 보였습니다. 남동생 에이디가 찾아왔고, 두 사람은 철부지처럼 장난치며 놀았어요. 둘은 어머니와 전화 통화를 했지요. 마틴과 친구들은 저녁식사 초대를 받았어요. 마틴은 느긋하게 옷을 갈아입는 중이었지요. 몇 사람은 벌써 와서, 주차장에서 기다리고 있었어요. 그때 마틴이 발코니로 나왔어요. 주차장을 내려다보며 친구인 제시 잭슨에게, 청바지 차림으로 가느냐고 큰 소리로 말했지요. 바로 그 순간 울리는 총성! 마틴이 쓰러집니다. 목에 총탄을 맞았어요. 애버내티가 마틴에게 달려갑니다. 다들 비명을 지르며 우왕좌왕했지요. 사이렌이 요란하게 울리고, 구급차가 마틴을 병원으로 옮겼어요. 하지만 가까운 사람들이 병원 복도에서 간절히 기도하며 기다리던 사이, 의사들의 노력에도 불구하고 마틴은 사망했습니다.

애버내티는 힘없이 중얼거렸습니다.
"이제 마틴은 우리 곁을 떠났어. 이제 우리만 남았어."

마틴 루터 킹 주니어는 서른아홉 살의 창창한 나이였습니다. 아직 살아 있다면, 마틴은 2009년에 80세 생일을 맞았을 테지요.

충격과 슬픔

✤ 마틴의 아내 코레타와 자녀들, 그리고 마틴의 부모님은 슬픔을 주체할 수 없었어요. 마틴에게 무슨 사고가 생기지 않을까 늘 마음을 졸였지요. 그런데 걱정해 온 일이 정말로 이렇게 현실이 될 줄이야.

✤ 전 세계의 친구들과 추종자들이 마틴의 죽음을 애도했습니다. 그들은 큰 충격을 받았고, 분노했어요.

✤ 미국의 많은 도시들에서 폭력 사태가 일어났습니다.

✤ 장례식을 마치기도 전에 코레타는 아이들과 함께 멤피스로 가서, 마틴을 대신하여 시위행진에 참여했지요. 사람들은 마틴 루터 킹을 추모하며 침묵 행진을 했답니다.

✤ 마틴의 장례식에는 15만 명의 인파가 모였습니다. 나무 달구지에 실린 마틴의 관이 애틀랜타 거리를 지나갔어요. 거리마다 많은 사람들이 모여 서서, 자신들의 지도자요 영웅이었던 마틴과

마틴의 관을 운반한 노새 달구지와 장례 행렬

마지막 작별 인사를 나누었지요.

✢ 암살범은 곧바로 체포되어 감옥에 갇혔어요. 제임스 얼 레이라는 탈옥수였는데, 처음에는 범행을 시인했다가 나중에는 번복했지요. 오늘날까지도 진짜 범인은 레이가 아니고, 이 암살 사건 뒤에는 숨겨진 배후(어떤 일의 드러나지 않은 뒷면)가 있는데, 어쩌면 미국 연방 수사국일지도 모른다는 주장이 있어요.

✢ 존슨 대통령은 건물이나 주택을 세놓거나 팔 때 피부색이나 인종에 따른 차별을 금지하는 법안에 서명합니다.

✢ 가난한 사람들의 운동은 예정대로 워싱턴에서 열렸습니다. 하지만 그다지 성공적이지는 않았습니다. 마틴이 있었다면 모든 사람들의 마음을 하나로 묶어 줄 수 있었을 텐데 말이에요.

하지만 마틴이 전한 메시지는 지금도 여전히 세계 곳곳에서 들을 수 있습니다.
"나는 꿈이 있습니다."
"폭력은 언제나 더 큰 폭력을 부릅니다. 증오로는 증오를 몰아낼 수 없습니다. 오직 사랑만이 할 수 있습니다."

사람답게 살 권리를 위해 싸운 시민운동가

마틴의 장례식에서 한 친구는 이렇게 말했습니다.
"그는 사람들에게 스스로 생각했던 것보다 자신들이 더 강하고, 더 위대하며, 더 용감하고, 더 사랑스러운 존재일지도 모른다는 느낌을 불어넣어 줄 줄 아는 사람이었습니다."
한마디로, 그는 사람들에게 힘을 주는 사람이었습니다.

민권 운동의 역사를 돌이켜보면 훌륭한 지도자들이 많이 있었습니다. 마틴은 그중 한 사람일 뿐입니다. 하지만 마틴은 오늘날까지도 여러 사람들의 기억 속에 남아 있습니다. 마틴은 특별한 카리스마(대중을 따르게 하는 능력이나 자질)가 있었고, 사람들의 마음을 감화시키고 깊은 영향력을 끼쳤지요.
그는 미국인들의 영웅이었습니다.
여러분에게도 영웅인가요?

그렇다고 마틴에게 좋은 면만 있었던 것은 아닙니다. 예를 들면, 마틴은 아내 코레타에게 신의를 지키지 않았다고 해요. 또 박사 논문을 일부 표절했다는 의혹도 있어요. 이 두 가지만 해도, 분명 떳떳하지 못한 일이지요. 그래요, 마틴은 결점과 약점이 전혀 없는 완벽한 영웅은 결코 아니에요. 오히려 너무나도 평범한 보통 사람이었어요. 그럼에도 불구하고 그는 놀라운 일을 해냈지요.

어떻게 그럴 수 있었을까요?

✤마틴은 흑인의 권리를 위해 투쟁하는 일을 너무나 중요하게 생각했고 그 일에 모든 것을 바쳤어요. 심지어 자기 생명까지요. 그는 의지가 아주 강한 사람이었어요. 그는 뭔가를 변화시키고 싶었습니다. 그리고 최선을 다해 노력했습니다.

✤마틴은 두려움을 모르는 사람이었습니다. 물론 두렵고 속상한 순간들도 많이 있었지요. 하지만 마틴은 포기하지 않았습니다. 그랬기에 두려움을 이겨 낼 수 있었어요. 하느님에 대한 믿음으로 그럴 수 있는 힘을 얻었지요.

✤마틴은 대단히 정의감이 강한 사람이었습니다. 그래서 부당한 일을 겪을 때, 그저 순순히 받아들이지 않았어요.

✤마틴은 스스로에 대해, 그리고 옳다고 믿는 것에 대해 결코 흔들리지 않는 믿음이 있었습니다. 다른 사람들로부터 비난이 쏟

아져도 흔들리지 않았지요.
처음엔 주로 백인들이 그를 비난했습니다. 골치 아픈 일이 생기는 게 싫었기 때문이지요.
그러다가 흑인들도 그를 비난했습니다. 그의 생각을 그대로 따르기엔 위험 부담이 너무 컸기 때문이지요.
또 나중엔 그의 평화주의적인 태도를 싫어하는 사람들이 그를 비난했지요.
마틴은 이런 일들에 마음을 빼앗기지 않는 법을 배웠습니다. 스스로 끊임없이 자신이 올바로 하고 있는지 묻고 또 물을지언정, 결코 흔들리지 않았지요.

❖ 마틴은 말로 사람들의 마음을 감동시키고 감화시키는 능력이 정말 탁월했어요. 모든 사람이 존엄하며, 누구나 변화를 이끌어 낼 능력이 있다고 말했지요.

❖ 마틴은 상대를 억누르는 대신, 그들과 화합하여 친구가 되려고 늘 노력했어요. 심지어 자기를 공격하여 해를 입힌 사람일지라도 미워하지 않았지요.

마틴 루터 킹의 삶이 우리에게 준 것들

　　인종 차별은 오늘날도 여전히 존재합니다. 미국과 유럽, 그리고 우리나라도 마찬가지입니다. 혹시 여러분이 아는 외국인이 있다면, 어떤 경험을 했는지 한번 들어 보는 것도 좋겠지요.

　　여전히 미국에서는 백인들에 비해 흑인 실업자(돈을 벌어야 할 나이에 직업이 없는 사람)가 더 많습니다. 범죄율도 흑인들이 더 높고, 평균 수명은 더 짧으며, 임금은 더 적고, 지금도 여전히 사는 동네가 다릅니다.
　　마틴이 꿈꾸었던 나라, 하느님의 모든 자녀가 동등하게 살아가는 세상은 아직 완전히 현실로 실현되지 않았습니다.

　　그렇지만 다른 한편, 오늘날 흑인들이 처한 상황은 과거에 비해 분명히 나아졌습니다. 다시 말해, 예전보다는 실업자가 줄었고, 범죄자도 줄었고, 보수도 좋아졌고, 기타 등등.
　　흑인들이 자랑스러워할 만한 유명 인사들도 굉장히 많아요. 스포츠, 음악, 영화, 문학과 정치 등 많은 분야에서 그렇지요.

　　랭스턴 휴즈라는 유명한 흑인 시인은 이런 시를 썼어요.

나 역시

나 역시 미국을 노래하네.

나는 피부가 좀 검은 형제.
손님이 찾아오면
그들은 나더러 부엌에 가서 먹으라 했지.
하지만 나는 웃으면서
잘 먹고,
그래서 튼튼해질 거야.

내일은
손님이 찾아오면
나도 함께 식탁에 앉겠지.
그때는 아무도 감히 내게
"부엌에 가서 먹어라!"
말하지 못할 거야.

그래, 그들은
멋지게 자란 나를 보며
당황하여 쩔쩔매겠지.

나 역시 미국이라네.

2008년, 미국은 흑인을 대통령으로 뽑았습니다. 흑인이 대통령이 되어 자신들과 자신들의 나라를 통치할 수 있으리라는 믿음을 보여 준 것입니다. 이는 참으로 크나큰 신뢰의 표시였지요.

아마 마틴도 틀림없이 기뻐했을 겁니다.

버락 오바마가 사회 운동가로서 가난한 사람들을 도왔던 점도 분명 마틴의 마음에 들었을 겁니다. 그가 처음부터 이라크 전쟁에 반대했던 점도. 그리고 모든 미국인이 의료 보험의 혜택을 받기를 바란 점도요.

'마침내 자유. 마침내 자유. 전능하신 하느님의 은혜로 나는 마침내 자유를 얻었노라.' 라고 적힌 마틴의 묘비

또한 마침 흑인 아버지와 백인 어머니를 둔 버락 오바마 같은 사람이 대통령이 되었다는 사실도 아마 그의 마음에 쏙 들지 않았을까 싶어요. 그것이야말로 그가 그토록 소원했던 인종 화합의 한 방식이니까요.

미국은 1986년부터 해마다 마틴 루터 킹을 기리는 기념일을 지키고 있어요. 매년 1월 셋째 월요일이지요. 미국 학생들은 이때를 즈음해 민권 운동에 대해서, 그리고 이를 이끈 지도자 마틴 루터 킹에 대해서 많은 공부를 한답니다. 이제는 여러분도 많은 걸 알게 되었지요?

MARTIN LUTHER KING. WER IST DAS

By Katrin Hahnemann, illustrated by Uwe Mayer

ⓒ 2010 BV Berlin Verlag GmbH
Korean translation copiright ⓒ 2010 by Hankyoreh Children's Books
All rights reserved.

Korean Language edition is published by arrangement with
BV Berlin Verlag GmbH through MOMO agency, Seoul

이 책의 한국어판 저작권은 모모 에이전시를 통해 BV Berlin Verlag GmbH 사와의 독점 계약으로 한겨레출판(주)에 있습니다.
저작권법에 의해 한국 내에서 보호를 받는 저작물이므로 무단전재와 무단복제를 금합니다.

어린이를 위한 새로운 인물 돋보기
한겨레 인물탐구

01 김구 아름다운 나라를 꿈꾸다
청년백범 글 | 박시백 그림

02 간디 폭력을 감싸 안은 비폭력
카트린 하네만 글 | 우베 마이어 그림 | 김지선 옮김

03 다윈 세상을 뒤흔든 놀라운 발견
카트린 하네만 글 | 우베 마이어 그림 | 김지선 옮김

04 마틴 루터 킹 검은 예수의 꿈
카트린 하네만 글 | 우베 마이어 그림 | 김지선 옮김

05 전태일 불꽃이 된 노동자
오도엽 글 | 이상규 그림

06 제인 구달 침팬지의 용감한 친구
카트린 하네만 글 | 우베 마이어 그림 | 윤혜정 옮김

07 윤동주 별을 노래하는 마음
정지원 글 | 임소희 그림

08 린드그렌 삐삐 롱스타킹의 탄생
카트린 하네만 글 | 우베 마이어 그림 | 윤혜정 옮김

09 공병우 한글을 사랑한 괴짜 의사
김은식 글 | 이상규 그림

10 체 게바라 불가능을 꿈꾼 혁명가
오도엽 글 | 이상규 그림

11 김대중 행동하는 양심
손홍규 글 | 김홍모 그림

12 헬렌 켈러 세상을 밝힌 작은 거인
윤해윤 글 | 원혜진 그림

13 방정환 어린이 세상을 꿈꾸다
오진원 글 | 김금숙 그림

계속 나옵니다.